INTERPRETATIONEN DEUTSCH

CHRISTIAN KRACHT

Faserland

Interpretiert von
Marlene Stahl-Busch

STARK

Bildnachweis
Titelbild: ullstein bild – Sylent Press
S. 3: picture-alliance/Sven Simon
S. 7: © Neumann und Rodtmann
S. 11: Columbia/Cinetext (Szenenbild aus „Große Mädchen weinen nicht"; BRD 2002)
S. 16: picture alliance/Sueddeutsche Zeitung Photo
S. 19: http://upload.wikimedia.org/wikipedia/commons/8/80/Swiss_Rapperswil_Susnset.jpg; Fotograf: Peter Alder. Diese Datei ist unter den Creative Commons-Lizenzen Namensnennung-Weitergabe unter gleichen Bedingungen 3.0 nicht portiert, 2.5 generisch, 2.0 generisch und 1.0 generisch lizenziert.
S. 23: picture alliance/The Advertising Archives
S. 29: ullstein bild – dpa
S. 33: © Unclesam – Fotolia.com
S. 36: © VRD – Fotolia.com
S. 50: picture-alliance/Denkou Images
S. 61: http://upload.wikimedia.org/wikipedia/commons/7/71/Zuerich_vier_Kirchen.jpg; Fotograf: Ikiwaner. Diese Datei ist unter der Creative Commons-Lizenz Namensnennung-Weitergabe unter gleichen Bedingungen 3.0 Unported lizenziert.
S. 81: picture alliance/Arco Images GmbH
S. 93: www.wikimedia.org

ISBN 978-3-86668-557-4

Inhalt

Vorwort

Einführung 1

Biografie und Entstehungsgeschichte 3

Inhaltsangabe 9

Textanalyse und Interpretation 21

1 Charakterisierung der Figuren 21

2 Aufbau und Erzählstruktur 42

3 Besonderheiten der Erzählperspektive 47

4 Sprache und Stil 51

5 Roadnovel durch Fatherland/Faserland 55

6 *Faserland* als Adoleszenzroman 64

7 Einordnung in die Popliteratur 70

8 Interpretationen ausgewählter Schlüsselstellen 80

Rezeptionsgeschichte 95

Glossar: Markennamen und Worterläuterungen 97

Literaturhinweise 102

Anmerkungen 103

Autorin: Marlene Stahl-Busch

Vorwort

Liebe Schülerin, lieber Schüler,

der Roman *Faserland* von Christian Kracht wird mit einiger Wahrscheinlichkeit zu den wenigen unterrichtlich behandelten literarischen Texten gehören, in denen Sie Phänomene und Gegebenheiten unserer Gegenwart widergespiegelt finden.

Er ist 1995 veröffentlicht worden und der Autor gibt in ihm ein Bild des Lebens einer jungen Generation in den 90er-Jahren des letzten Jahrhunderts. Natürlich ist es nicht *die Jugend* schlechthin, sondern eine bestimmte Gruppe von jungen Menschen, die in dieser Roadstory charakterisiert wird. Der Protagonist und Ich-Erzähler, ein junger Mann in den Zwanzigern, reist von Sylt quer durch Deutschland bis an den Bodensee und darüber hinaus in die Schweiz. Das Ganze in wenigen Tagen und mit ungeplanten Stationen – er lässt sich gewissermaßen treiben von Stadt zu Stadt. Er besucht alte Freunde aus gemeinsamer Schulzeit und es wird nicht immer deutlich, ob sie sich überhaupt noch etwas zu sagen haben. Aber eines ist ihnen gemeinsam: Sie leben ein materiell privilegiertes Leben, haben geerbt oder ein Konto, das die Eltern großzügig auffüllen, manche studieren, andere verfolgen private Projekte. Eines scheint sie alle gemeinsam zu interessieren: Partys, Drogen, Alkohol, Sex. Was sich so hedonistisch und vergnügungsorientiert anhört, zeigt jedoch bald seine dunkle Seite: Innere Leere und Einsamkeit sind Begleiter des jungen Mannes, der durch Deutschland taumelt.

Der vorliegende Band soll Ihnen bei der Annäherung an diesen Roman dienlich sein. Nach einer Biografie des Autors und einer kapitelbezogenen Inhaltsangabe werden Charakterisierungen zu allen zentralen Figuren gegeben. Der Erhellung der Zusammenhänge dienen im Weiteren die Kapitel zur Einordnung des Werks in die Gegenwartsliteratur, zur Tradition des Adoleszenz-Romans und zur Rätselhaftigkeit des Romantitels (Roadnovel). Die Analyse von Aufbau, Sprache und Erzählstruktur bereitet auf die exemplarischen Einzelinterpretationen des Romananfangs und der Schlusspassage vor. Auch ein Verzeichnis mit Erläuterungen zu den vielen Markennamen und Medienbezügen fehlt nicht, um eine schnelle Orientierung zu ermöglichen.

Marlene Stahl-Busch

Einführung

Der **Debütroman** *Faserland* von Christian Kracht erschien Mitte der 1990er-Jahre und erhielt sofort große Beachtung, wobei das Echo sehr kontrovers ausfiel.

Er entstand in einer Zeit, die eine Umbruchszeit war und als solche auch von den Menschen wahrgenommen wurde. Die Nachkriegszeit mit ihren fest gefügten politischen Blöcken und noch recht klaren gesellschaftlichen Strukturen war endgültig zu einem Ende gekommen.

In dieser **Zeit des Aufbruchs** begann eine **neue Generation von jungen Schriftstellerinnen und Schriftstellern** damit, das Lebensgefühl ihrer Gegenwart in literarischer Form zu gestalten. Die Themen entnahmen sie der Welt, die sie kannten und die sie geprägt hatte, sie mischten unterschiedliche Stile, griffen Tabuthemen auf, wobei die Texte die audiovisuellen Medienwelten mit ihrer Klang- und Bilderflut spiegelten. Sie wollten eine Literatur schaffen, die nicht abgehoben war und nur für einen kleinen Kreis von Gebildeten verständlich, vielmehr sollte sie die Gleichaltrigen erreichen.

Faserland wurde für junge Erwachsene schnell zum **Kultroman der 90er-Jahre**. In dieser Funktion knüpfte er an einen Erfolgsroman der 1960er- und 1970er-Jahre an, den Roman *Der Fänger im Roggen* (1951) von J. D. Salinger. In beiden Werken bewegt sich ein junger Mann auf der Suche nach sich selbst in einer Welt, die ihn nachhaltig verstört.

Krachts Protagonist ist ein **Antiheld**, zu müde zur Rebellion und zu unentschieden in dem, was ihm wichtig sein könnte. Damit setzt er sich ab von den revolutionären, aufrührerischen und wütenden Protagonisten der 68er-Generation und der Underground-Literatur.

Christian Kracht beschreibt in seinem Roman die „Generation Golf", wie Schriftstellerkollege Florian Illies sie nennt. Gemeint sind damit die jungen Menschen, die zwischen 1965 und 1975 in der Bundesrepublik geboren wurden und dort eine materiell sorgenfreie oder auch privilegierte Jugendzeit genossen. Weitgehend unpolitisch lebten sie ihre breit gefächerten Konsummöglichkeiten aus und orientierten sich an einem **hedonistischen Lebensstil**.

Faserland gibt Anstöße dazu, nicht nur einen **mentalitätsgeschichtlichen Blick auf die jüngste Vergangenheit** zu werfen, sondern auch die eigene Lebenswirklichkeit hier und heute kritisch zu beleuchten.

Biografie und Entstehungsgeschichte

Christian Kracht wird 1966 in Saanen/Schweiz geboren und verlebt seine Kindheit dort im Berner Oberland. Seine Schulzeit verbringt er überwiegend in Internaten. Er besucht u. a. in Ontario/ Kanada die Lakefield College School und legt 1985 seine Abiturprüfung an dem als elitär geltenden Internat Schloss Salem am Bodensee ab. Anschließend studiert er an dem renommierten Sarah Lawrence College in Bronxville, in der Nähe von New York / USA gelegen. Diese Hochschule bereitet nicht auf eine eng definierte berufliche Laufbahn vor. Die Entwicklung der Persönlichkeit der Studierenden, vor allem die Förderung ihrer kreativen, künstlerischen Begabungen, steht im Zentrum des Studienprogramms; viele berühmte Künstlerinnen und Künstler der unterschiedlichsten Disziplinen wirken dort als Dozenten bzw. finden sich in der Liste der Absolventen.

Christian Krachts Vater war in den 1960er-Jahren als Manager in leitender Position im Axel Springer Konzern tätig und auch den Sohn zieht es nach seinem Hochschulexamen in die **Welt des Journalismus:** Er beginnt 1989 ein Volontariat bei dem 1986 in Hamburg neu gegründeten Zeitgeist-Magazin *Tempo* und veröffentlicht Beiträge in dem Berliner Boulevardblatt *B.Z.*, das zum Springer-Konzern gehört. In der Redaktion der **Zeitschrift „Tempo“** versammeln sich junge Journalisten, die einen unorthodoxen, neuen Journalismus ausprobieren wollen. Der Anspruch eines „**New Journalism**" verrät dabei die Orientierung an ähnlich konzipierten Lifestyle-Zeitschriften, insbesondere an den US-amerikanischen Magazinen *Vanity Fair* und *New York Magazine*. Inhaltlich bewegen sich die Artikel zwischen Lifestyle-Themen (Konsum, Mode) und gesellschaftlich-kulturellen Aspekten (z. B. Aids-Problematik, Medien). Vor allem steht die neue Ausrichtung für eine subjektive, auch exzentrische Schreibweise, die sich bewusst abgrenzt von der tradierten, der Objektivität verpflichteten Darstellungsform, die der deutsche Pressekodex vorgibt. Fiktive und reale Geschehensebenen werden gemischt, eher literarisierende Stilelemente (Polemik, Humor, Sarkasmus, Stilbrüche etc.) bewusst eingesetzt. Die **fließende Grenze zwischen Literatur und Journalismus** wird von den jungen Repräsentanten des „New Journalism" als neue Qualität gesehen, während die Kritiker diese Entwicklung als den Triumph einer „Spaßgesellschaft" und als Verrat am seriösen Journalismus bewerten.

Krachts Volontärzeit bei der Zeitschrift *Tempo* wird in eine redaktionelle Anstellung überführt und es schließen sich **journalistische Arbeiten** für das Magazin *Der Spiegel* an, u. a. als Auslandskorrespondent in Indien. Mit der großen Bandbreite seiner Themenpalette entspricht Kracht in besonderer Weise der Konzeption der Zeitschrift *Tempo*, sie reicht von politischen Reportagen (etwa über den Wahlkampf des SPD-Kanzlerkandidaten Rudolf Scharping 1994) über feuilletonistische Artikel zu drogenverliebten Goa-Pilgern bis zu Literaturrezensionen. 1992 erhält Kracht für eine Reportage über junge Obdachlose in London den **Axel-Springer-Preis** für junge Journalisten.

Im Jahre 1995 erscheint sein viel beachteter **erster Roman** *Faserland* bei dem Verlag Kiepenheuer & Witsch. Dieses Werk entsteht während seiner umfangreichen journalistischen Tätigkeit und er beschreibt in einem Interview, dass er häufig spät am

Abend in den Redaktionsräumen des *Tempo* daran gearbeitet habe.

Die **Gleichzeitigkeit von journalistischer und literarischer Arbeit** prägt seit Mitte der 1990er-Jahre die Vita von Christian Kracht. Er führt ein **unstetes Leben**, reist sehr viel und macht Station in Lateinamerika (Honduras, Venezuela), Afrika (er besteigt mit einem Freund den Kilimanjaro/Tansania und beide verarbeiten ihre Wahrnehmungen später in dem Werk *Methan,* das allerdings überwiegend kritisch aufgenommen wird) und vor allem in Asien. Neben Indien gilt sein Interesse Nepal und Tibet, und er vermittelt seine Eindrücke in regelmäßig erscheinenden **Reisekolumnen** für die *Welt am Sonntag*, später zu wechselnden Themen auch für die *FAZ*. Im Jahre 1999 übersiedelt er schließlich offiziell nach Bangkok/Thailand und veröffentlicht Sammlungen ausgewählter Reisekolumnen unter dem Titel *Der gelbe Bleistift* und gemeinsam mit Eckhart Nickel Reisereportagen aus aller Welt unter der programmatischen Bezeichnung *Ferien für immer. Die angenehmsten Orte der Welt.* Zwei Jahre später wechselt er nach Sri Lanka und es erscheint sein zweiter Roman *1979,* welcher sich in Thematik und Erzählstil deutlich von seinem Erstling *Faserland* abhebt und allgemein als bewusste Abwendung von der sogenannten Popliteratur gedeutet wird, in die *Faserland* eingeordnet wurde.

Während er nach weiteren zwei Jahren (2003) seinen Wohnort nach Kathmandu/Nepal verlegt, Nordkorea sowie Vanuatu (Inselgruppe im Südpazifik) ausgiebig bereist und seine Erfahrungen feuilletonistisch verarbeitet, bleibt er doch stets auf die deutsche literarisch-journalistische Szene bezogen. Er beteiligt sich an Hörbuchproduktionen als Sprecher, gibt mit Eckhart Nickel zusammen die Literaturzeitschrift *Der Freund* im Axel-Springer-Haus heraus (Sitz der Redaktion: Kathmandu), verfasst ein Theaterstück (2006: *Hubbard*), dessen Uraufführung am Thalia-Theater in Hamburg allerdings aufgrund von Differenzen mit dem Regisseur scheitert, unterstützt aktiv eine Erklärung der Bayerischen Akademie der Künste gegen die Rechtschreibreform, ist Gründungsmitglied der „Eiger Stiftung" zur Förderung von Literaturprojekten – kurz: In der Vielseitigkeit seiner Interessen ist Christian Kracht kaum zu überbieten. Im Jahre 2007 taucht sein Name auf der Cicero-Liste der wichtigsten Intellektuellen in Deutschland auf Platz 101 auf (die Zeitschrift Cicero ist nach ihrem Selbstverständnis ein Magazin für politische Kultur.) Krachts Bücher sind inzwischen in 18 Sprachen übersetzt worden.

Einen besonderen Akzent in diesem bunten Treiben setzt das Jahr 1999: Zum einen gibt Christian Kracht am Ende des Jahrtausends eine Anthologie mit zeitgenössischen Prosatexten unter dem Titel *Mesopotamia* heraus, zum anderen findet im April des Jahres ein in der Folge viel diskutiertes und höchst kritisch kommentiertes Treffen von fünf jungen Literaten und Journalisten im Berliner Hotel Adlon statt. Diese fünf Herren (neben Kracht sind Joachim Bessing, Eckhart Nickel, Alexander von Schönburg und Benjamin von Stuckrad-Barre vertreten) versammeln sich für ein Wochenende in einer Luxus-Suite des Adlon mit Blick auf das Brandenburger Tor und führen ausgedehnte Gespräche, die aufgezeichnet und später unter dem Titel „**Tristesse Royale. Das popkulturelle Quintett**" veröffentlicht werden. In diesen Gesprächen reflektieren sie eigene Befindlichkeiten und ihren Blick auf die Zeitläufte, wobei Stil- und Geschmacksfragen eine bedeutende Rolle spielen. Christian Kracht bezeichnet später die Aktion als „situationistisches Theaterstück", während viele Kritiker diese Gespräche als Realaussagen lesen und eine **Wiederkehr des Dandyismus** befürchten, jener Bewegung vor allem jüngerer Männer gegen Ende des 19. Jahrhunderts, die elitär und versnobt ein formvollendetes Benehmen und ein höchsten ästhetischen Ansprüchen genügendes äußeres Erscheinungsbild zum höchsten Lebenszweck erhoben.

Inzwischen hat Christian Kracht **geheiratet** (2007) und seinen Wohnsitz nach Buenos Aires/Argentinien verlagert. Für seinen jüngsten, im Jahre 2008 erschienenen Roman *Ich werde hier sein im Sonnenschein und im Schatten* wählt er als Handlungsort die Schweiz. Es ist ein fiktiver, radikal spekulativer Alternativ-Entwurf zur Schweizer Geschichte nach dem Jahr 1917. Lenin besteigt nicht den plombierten Zug nach St. Petersburg, sondern bleibt in Zürich und organisiert einen kommunistischen Umsturz in der Schweiz. Außerdem ist eine Kriminalhandlung mit der scheinbar historisierenden Handlung verknüpft – die Kritik reagiert allerdings aufgrund der überbordenden Fantastik überwiegend konsterniert auf diesen Roman.

Das popkulturelle Quintett im Hotel Adlon (von links: Christian Kracht, Eckhart Nickel, Benjamin von Stuckrad-Barre, Alexander von Schönburg, sitzend: Joachim Bessing)

Inhaltsangabe

Kapitel 1

Der Einstieg erfolgt unvermittelt wie bei einer Kurzgeschichte: Ein namenloser Ich-Erzähler steht am nördlichsten Punkt der Insel Sylt und damit zugleich Deutschlands an einer Fischbude. Obwohl ihm bereits nach der ersten Portion Scampi übel wurde, bestellt er sich eine zweite und trinkt Bier dazu. Auf Sylt trifft er Karin, die er aus gemeinsamen Internatszeiten in Schloss Salem oberflächlich kennt und später nur gelegentlich und zufällig gesehen hat. Sie erzählt, dass sie in München studiere und ihr Bruder an der Frankfurter Börse arbeite. Sie spricht positiv über den Mercedes ihres Bruders, verkündet ihre Anschauungen zu den neuesten Kreationen berühmter Pariser Modedesigner, während der Ich-Erzähler nur sporadisch zuhört und antwortet. Stattdessen beobachtet er seine Umgebung, die Menschen und Tiere, aber er nimmt auch die äußeren Attribute der gut aussehenden jungen Karin bewusst wahr. Auf seinen Vorschlag hin fahren sie mit ihrem Mercedes in ein bekanntes Lokal in Kampen und holen unterwegs zwei weitere Bekannte vom Strand ab. Während der Fahrt und des Aufenthaltes im Café *Odin* hängt der Erzähler immer wieder Kindheitserinnerungen nach, die mit Urlaubsaufenthalten in Sylt verknüpft sind, die Interaktionen in der Gruppe sind eher spärlich. Alle trinken ständig Weißwein oder Champagner und fahren schließlich in angetrunkenem Zustand mit dem Auto.

Karin und der Erzähler bleiben nicht lange im *Odin*, obwohl er sich in einzelnen Momenten dort offenbar wohlfühlt. Doch die zunehmende Überfüllung der Bar bewegt sie dazu, mit einer weiteren Flasche Champagner zu einem anderen Abendlokal aufzubrechen. Der Protagonist teilt Karin mit, dass er am folgenden Tag abreisen werde. Beide sind inzwischen betrunken und sie setzen sich mit ihrer Champagnerflasche und zwei Gläsern auf einen grünen Hügel, mit Blick auf das Lokal und das Wattenmeer. Karin küsst den Erzähler, doch beide lassen schnell davon ab, da ihnen Schwindel schwer zu schaffen macht. Als Karin gehen will und vorschlägt, sich am Folgeabend wieder zu treffen, bemerkt der Erzähler, dass sie ihm nicht zugehört hat. Er klärt die Situation jedoch nicht und bleibt mit der halb leeren Flasche zurück.

Kapitel 2

Am nächsten Tag besteigt der Protagonist einen Abendzug nach Hamburg und lässt sein Auto auf der Insel stehen, ohne Karin noch einmal kontaktiert zu haben. Er betrachtet im Speisewagen den Sonnenuntergang bei Husum, trinkt reichlich Wein und isst ein Brötchen. Dabei verschmutzt er sein teures Jackett mit Rotwein. Während er sich noch den Rotweinflecken widmet, nimmt ihm gegenüber ein Fahrgast Platz, den er wegen seiner Gewöhnlichkeit und Durchschnittlichkeit distanziert und verächtlich beobachtet. Er verzieht sich mit einer weiteren Flasche Wein auf die Toilette, raucht dort und schläft schließlich betrunken auf dem Toilettensitz ein. Während der Zugfahrt kreisen seine Gedanken in unterschiedlichen Zusammenhängen um menschliche Exkremente.

Er wird erst auf dem Hamburger Bahnhof durch das Bremsmanöver des Zuges unsanft geweckt, holt sein Gepäck und fährt mit dem Taxi zu einem Freund namens Nigel, den er seit längerer Zeit kennt, ohne Genaueres von ihm zu wissen. Nigel wohnt im Hamburger Stadtteil Pöseldorf, in dem Mode und Kunst die Szene bestimmen. Die Fahrt durch Hamburgs Straßen versetzt den Erzähler in eine nachdenkliche Stimmung, er sinniert über die Atmosphäre der Stadt und den ungefähr gleichaltrigen Taxifahrer, den er als einen Vertreter der demonstrierenden und rebellierenden Jugend einschätzt. Nigel, der ihn freundlich begrüßt, kommt ihm ungepflegt und nachlässig angezogen vor. Auch die großzügig geschnittene Wohnung wirkt heruntergekommen und ist nur spärlich möbliert. Die beiden liegen auf dem Fußboden und rauchen, während sie sich einander die jüngsten Geschehnisse mitteilen. Dabei scheint dem Protagonisten das Zuhören schwerzufallen, immer wieder schweifen seine Gedanken ab und Erinnerungen an frühere, teilweise auch schambesetzte Erlebnisse kommen hoch.

Der Ich-Erzähler begleitet Nigel auf eine Party, wobei er dessen unbändige Lust auf Partys als Ausdruck einer Kommunikationsstörung wertet. Dort geht Nigel seinen eigenen Interessen nach und der Protagonist streift durch die Räume, beobachtet die zunehmend betrunkenen und vom Drogenkonsum gezeichneten Menschen. Unvermittelt steht er vor Anne, mit der er am Vortag noch im *Odin* auf Sylt zusammengetroffen war. Sie ist ins Gespräch vertieft und er ist sich nicht sicher, ob sie ihn wirklich nicht erkennt oder nicht erkennen will. Er wendet sich mit einer Flasche Prosecco ab, trifft auf Nigel in Begleitung eines schwarzen Models und eines Mannes mit einem Ziegenbärtchen. Gemeinsam nehmen sie Pillen ein, die bei dem Erzähler zu Wahrnehmungsstörungen führen. Er tanzt unter dem Einfluss der Droge und seines starken Alkoholkonsums mit einem Mädchen, fühlt sich wohl mit seinem ungewohnten Körpergefühl, bis die junge Frau plötzlich zur Toilette geht und sich dort übergibt. Angeekelt wendet er sich ab, sucht vergeblich nach Nigel und macht sich verärgert und enttäuscht von Nigel und der gekippten, kaputten Stimmung in der Party-Wohnung auf den Weg zurück zu Nigels Wohnung.

Kapitel 3

Dort findet er Nigel, das Model und den Mann mit dem Ziegenbärtchen im Drogenrausch bei Sexspielen vor. Er ignoriert die Aufforderung, sich dazuzugesellen, und verlässt die Wohnung, nicht ohne die Ersatz-Wohnungsschlüssel, die Nigel ihm Jahre zuvor als Zeichen der Freundschaft übergeben hatte, zurückzulassen.

Zitternd, rauchend und entkräftet erreicht er per Taxi den Flughafen und bucht eine Maschine nach Frankfurt. Der Flughafen löst Erinnerungen an unbegleitete Flüge aus: Als Kind flog er alleine nach Italien zum Feriendomizil der Familie. In der Wartehalle deckt er sich übermäßig mit Lebensmitteln, u. a. Joghurts, ein, stopft sie in die Taschen seiner Barbourjacke und fühlt sich dabei von anderen Passagieren beobachtet und kritisch beäugt. Diese Wahrnehmung reizt ihn zu beleidigenden Beschimpfungen („SPD-Nazi"), die er aber nur sehr leise äußert.

Im Flugzeug sitzt eine alte, offenbar wohlhabende Dame neben ihm, deren Lebensumstände er sich fantasievoll ausmalt, während er außer zwei Joghurts nur Kaffee und Whiskey zu sich nimmt und trotz des Verbots raucht. Er will mit seinem Rauchen provozieren, aber erst in der Landephase erfolgt eine Ermahnung durch die Stewardess. Während des Fluges malt er sich ein idyllisches Leben mit der von ihm verehrten Schauspielerin und Werbeikone der 80er-Jahre, Isabella Rossellini, aus, die er in scheinbarer Vertrautheit „Isa“ nennt. Er imaginiert ein familiäres Leben mit ihr am Rande der Zivilisation. Eine andere Assoziationskette wird ausgelöst von den Warteschleifen in der Anflugphase: Er erinnert sich an eine Begegnung mit dem Filmregisseur Wim Wenders in Berlin, über die er mit Alexander, seinem Frankfurter Freund, in Streit geraten ist.

Jäh wird er aus seinen Träumereien gerissen durch die Feststellung, dass sein Sitz feucht wird. Der aufsteigende Pfirsich-Joghurt-Duft macht deutlich, dass die Becher beschädigt sind und sich der Inhalt auf den Sitz ergossen hat. Dies alles ist ihm so peinlich, dass er es nicht wagt aufzustehen und bis zur Landung stoisch im Nassen sitzen bleibt.

Kapitel 4

In einer Wartehalle des Frankfurter Flughafens, direkt neben einer Bank mit schlafenden Touristen auf der Durchreise, verbrennt der Erzähler seine verschmutzte Barbourjacke. Auf der Taxifahrt zu einem Frankfurter Hotel rekonstruiert er den Grund für die Sendepause, die in der Beziehung zu Alexander eingetreten ist, der immerhin ein Freund aus Internatstagen ist. Alexander ist in den letzten Jahren durch die Welt gezogen, um die Verbreitung von Popsongs der Gruppe „Modern Talking“ in Ländern der Dritten Welt zu studieren. Nicht nur diese Aktion findet der Protagonist abwegig, auch dessen Freundin Varna konnte er nicht akzeptieren, ihn störte deren Durchschnittlichkeit. Daraufhin brach Alexander den Kontakt zu ihm ab.

Als er im Hotelzimmer zur Ruhe kommt und im Begriff steht, Alexander anzurufen, wird er von einer heftigen Übelkeit erfasst. Er kotzt Bett und Kleidung voll und lässt sich ein warmes Bad ein. In der Wärme des Wassers schläft er ein und beim Erwachen stellt er beschämt fest, dass inzwischen das Hotelpersonal alle Spuren seiner Entgleisung beseitigt hat. Erinnerungen an ein kindliches Kotzerlebnis auf Sylt kommen hoch. Schließlich fährt er kurzentschlossen zu einer Frankfurter Szenekneipe, ins Café Eckstein. Dort nimmt er an der Bar Platz, flirtet über einen Spiegel mit einer jungen Frau, als plötzlich Alexander hereinkommt, an ihm vorbeigeht, ihn aber offenbar nicht erkennt und sich zu Freunden gesellt. Der Erzähler ist verdutzt, spricht seinen alten Freund jedoch nicht an, sondern nutzt einen Moment der Abwesenheit Alexanders, um dessen grüne Barbourjacke an sich zu nehmen, die jener achtlos über den Stuhl geworfen hatte. Mit der Jacke verlässt er das Lokal.

Kapitel 5

Der Erzähler verlässt Frankfurt mit der Bahn. Im Zug trifft er auf Matthias Horx, der zu einem Trendkongress in Karlsruhe reist. Mit Horx tritt ein real existierender Publizist im Roman auf, wobei die Beschreibung seines Äußeren dem Original entspricht. Obwohl sie sich mehrmals bei früheren Gelegenheiten begegnet sind, erkennt Horx den Protagonisten nicht, doch in diesem Fall nimmt der Erzähler den Kontakt auf, ändert jedoch spontan sein Reiseziel, um nicht mit Horx gemeinsam in Karlsruhe den Zug verlassen zu müssen. Er steigt in der ihm unbekannten Stadt Heidelberg aus und nimmt sich ein Hotelzimmer. Während der Fahrt ins Hotel reflektiert er über die Wirkung der Landschaft, des Lichts, der ihm begegnenden Menschen. Im Hotel überfallen ihn wiederum Erinnerungen an einen Urlaubsaufenthalt auf Madeira, die durch Seifengeruch ausgelöst werden. Er imaginiert das Leben des Mannes an der Rezeption, wobei er an Details anknüpft, die er an diesem beobachtet hat, wie z. B. dessen zwei fehlende Finger.

Im Hotelzimmer zieht er sich um und macht sich auf den Weg zu einer vom Portier empfohlenen Bar. Dort trinkt er – ohne etwas gegessen zu haben – in schneller Folge mehrere Biere und spürt deren rasche Wirkung. Als er von einem jungen Mann namens Eugen eingeladen wird, sich zu einer Gruppe von Gästen zu gesellen, folgt er der Einladung, freut sich, neue Menschen kennenzulernen, und begleitet die Gruppe anschließend zu einer Party. Dort wird er von einer jungen Studentin namens Nadja ins Gespräch verwickelt, aber von Eugen in ein separates Zimmer entführt. Dessen homosexuelle Annäherung und Einladung zum gemeinsamen Koksen lehnt er jedoch brüsk ab und sucht Nadja. Schließlich findet er sie, wie sie sich gemeinsam mit Nigel, der sich überraschenderweise in dem Haus aufhält, eine Drogenspritze setzt. Er spricht Nigel an, dieser erkennt ihn jedoch nicht. Schockiert und völlig betrunken verlässt er das Haus und fällt im Vorgarten in Ohnmacht.

Kapitel 6

Der Ich-Erzähler findet sich auf einer Wiese inmitten einer Rave-Veranstaltung wieder und versucht sich zu erinnern, wie er dorthin gekommen ist. Nur mühsam rekonstruiert er, dass sein Freund Rollo, der nun neben ihm auf der Wiese sitzt, ebenfalls Gast jener Party in Heidelberg war, ihn bewusstlos gefunden und in seinem Wagen mitgenommen hat. Beide sind eher Beobachter als Teilnehmer des Rave, zumal sie sich in Kleidung und Verhalten deutlich von den anderen Besuchern unterscheiden. Als ein Hippie sie anspricht und ihnen (Ecstasy-)Pillen anbietet, gibt Rollo diesem im Austausch Valium-Tabletten, die der Mann bedenkenlos schluckt. Die tanzende und aufgetakelte Menge erinnert den Erzähler an das Gemälde *Der Garten der Lüste* von Hieronymus Bosch, in dem er ähnliche Skurrilitäten erblickt hat. Im Weggehen sehen sie den Hippie schlafend im Gras liegen, Rollo gibt dessen Drogenpillen unbemerkt anderen Rave-Besuchern in ihre Getränke.

Die beiden fahren nach München und besuchen verschiedene Szenebars. In der letzten sieht der Erzähler Hannah, mit der er früher in Discos häufig gesprochen hat, sie erkennt ihn jedoch offensichtlich nicht. Als er einen Bekannten erblickt, mit dem er unliebsame Erinnerung verknüpft, geht er ihm aus dem Weg. Schließlich fährt er mit Rollo in dessen großzügige Wohnung in München-Bogenhausen, wo dieser sich auf einer original chinesischen Opiumliege niederlässt und erzählt, dass er am Folgetag in Meersburg am Bodensee eine große Geburtstagsparty feiern werde und ihn dazu einlade.

Kapitel 7

Auf der Fahrt zum Bodensee am nächsten Tag berichtet Rollo dem Erzähler von dubiosen Geschäften, die angeblich Berliner Hausbesetzer mit Gebrauchtwagen in Afrika treiben. Für den Protagonisten bietet diese Geschichte einen Anlass, sich höchst abfällig über diese politische Gruppierung auszulassen. Er äußert seine Ansichten jedoch nicht laut, vielmehr sitzt er permanent rauchend und weitgehend stumm im Wagen, während er die Gerüche und Farben der vorübergleitenden Landschaft aufnimmt.

In Meersburg am Bodensee angekommen, läuft Rollo freudig durch die elegante Villa, in der er aufgewachsen ist. Es sind allerdings nur Bedienstete anwesend. Über den Vater Rollos erfährt man, dass er als Hippie zu bezeichnen sei und einen indischen Aschram mit erheblichen Mitteln unterstütze, über die Mutter gibt es nur Mutmaßungen. Rollo selbst ist Waldorf-Schüler gewesen und hat nach Einschätzung des Erzählers aufgrund dieser pädagogischen Einflüsse einen Knacks weg.

Das Warten auf die Gäste verkürzen sich die beiden mit einigen Drinks und Zigaretten, während sie auf den See hinausschauen. Der Erzähler hängt seinen Gedanken nach, gerät in eine melancholische Stimmung und meint, Vorahnungen von etwas Nebulösem, Kommendem zu verspüren.

Schließlich begibt er sich auf sein Zimmer und kleidet sich mit großer Sorgfalt um (wobei unklar bleibt, wie er zu seinem Koffer gekommen ist), er beschreibt präzise seine Kleidung für den Abend. Dennoch fühlt er sich nicht richtig angezogen, als er sich unter die Gäste mischt, die überwiegend in Abendgarderobe angereist sind. Er greift zur Zigarette und zu mehreren Drinks, die er schnell hinunterstürzt, um seine Balance wiederzuerlangen. In dieser Situation tritt Rollo zu ihm und erklärt ihm auf Spanisch, dass sie beide sich glücklich fühlten. Der Erzähler ist überrascht, reagiert nicht, spricht nicht, nimmt aber wahr, dass Rollos Gestik und Mimik auf einen hohen Alkohol- und Valiumkonsum schließen lassen. Ungelenk umarmt Rollo seinen Freund und beide genehmigen sich einen weiteren Drink. Während der Erzähler noch darüber nachsinnt, ob er etwas zu Rollo hätte sagen sollen, ergeht er sich in Erinnerungen an einen Zwei-Stunden-Aufenthalt auf Mykonos. Dort war er versehentlich an einen Schwulen-Badestrand geraten und in Panik sofort wieder geflüchtet.

Er denkt über die Partygäste nach, sieht ihre Eleganz, ihre aufgesetzte Fröhlichkeit und erkennt, dass all diese Menschen keine wahren Freunde von Rollo sein können, denn sie müssten – wie er selbst – den Zustand von Rollo bemerken; dennoch unternimmt keiner von den Anwesenden die nötigen Schritte, um ihn mit seiner unübersehbaren Tabletten- und Alkoholsucht zu konfrontieren und ihn zu einer Therapie zu motivieren. Während er noch über Rollos traurige Situation nachdenkt, entdeckt er in der Menge Karin, mit der er einige Tage vorher in Sylt unterwegs war. Sie besucht offenbar die Party zusammen mit Sergio, dem Bekannten von Sylt. Er begrüßt die beiden und Karin erzählt in ungebremstem Plauderton, was sie in der Zwischenzeit alles unternommen hat, während Sergio Drinks besorgen geht. Als der Erzähler Karin zu küssen versucht, kehrt Sergio zurück. Diese Situation ist dem Erzähler derart peinlich, dass er sich überstürzt verabschiedet.

Er sieht Rollo inmitten dieser Gesellschaft mit schwankendem Körper alleine am Ufer stehen, den Blick auf den See gerichtet. Er geht mit ihm auf einen Bootssteg, gemeinsam schauen sie aufs Wasser und Rollo weint, anfangs leise, dann aber heftiger, als der Erzähler seinen Arm hält. Er kann nicht verstehen, was Rollo zu sagen versucht, meint, irgendetwas mit Tabletten verstanden zu haben. Er kommentiert dies knapp, drückt noch einmal Rollos Arm und erklärt, ein Getränk holen zu wollen, und in dem vollen Bewusstsein, dass er nicht zurückkehren und Rollo nicht wiedersehen wird, verlässt er die Villa mit seinem Gepäck und dem Autoschlüssel für den Porsche Rollos, den er aus dessen Jacke entwendet hat. Er fährt mit dem Porsche noch in der Nacht über die Schweizer Grenze.

Kapitel 8

Der Erzähler ist nach Zürich gefahren, hat den Porsche mit den Schlüsseln im Handschuhfach am Flughafen abgestellt und sich in der Stadt ein Hotelzimmer genommen, in dem er schon seit zwei Tagen wohnt. Er spaziert durch die Stadt, kauft sich eine deutsche Tageszeitung und liest den Bericht über Rollos Tod. Man hat ihn am Morgen nach der Party ertrunken aufgefunden, in seinem Magen eine Überdosis Valium und eine große Menge Alkohol.

Der Erzähler reißt den Artikel aus der Zeitung, stopft ihn in seine Tasche und setzt rauchend seinen Spaziergang durch Zürich fort. Seine Gedanken kreisen um einen Vergleich der Schweiz mit Deutschland, um Erinnerungen an eine frühere Fahrt durch die Schweiz mit seinem Vater und wieder einmal um Isabella Rossellini.

Schließlich kehrt er zurück an die Hotelbar, trinkt Scotch und lässt sich, einer Eingebung folgend, auf den Friedhof in Kilchberg fahren, um das Grab von Thomas Mann zu besuchen. Er findet das Grab in der hereinbrechenden Dunkelheit aber nicht und schreitet den Hügel hinunter zum See. Dort trifft er auf einen Mann mit einem Boot und bietet diesem 200 Franken für das Übersetzen ans andere Ufer. Er steigt in das Boot und erwartet, in Bälde auf der Mitte des Sees anzukommen.

Textanalyse und Interpretation

1 Charakterisierung der Figuren

Der Ich-Erzähler

Ein Bild von der äußeren Gestalt des **namenlosen** Ich-Erzählers erhält der Leser aufgrund der Erzählweise, die jede Außensicht und jegliches szenische Erzählen ausspart, nur in Bruchstücken. Es wird auch nicht deutlich, welcher Beschäftigung er zum Zeitpunkt seiner Reise nachgeht, immerhin erwähnt er den Besuch des Internats Schloss Salem. Es ist anzunehmen, dass der Protagonist knapp über 20 Jahre alt ist, denn seine ehemaligen Mitschüler studieren oder widmen sich seit einigen Jahren ihren privaten Obsessionen. Da er nach seinen Angaben aus Salem „rausgeschmissen wurde" (S. 108), ist nicht klar, ob er die Abiturprüfung abgelegt hat.

Kindheit und Jugend

Er scheint ohne Geschwister aufgewachsen zu sein und auch von einer Mutter spricht er nicht. Familiäre Erinnerungen sind insgesamt spärlich und beziehen sich ausschließlich auf den Vater. Mit ihm ist er im Alter von sechs oder sieben Jahren durch die Schweiz gefahren (vgl. S. 151). Aus Langeweile habe er ihm im Auto eine Wollmütze über den Kopf gezogen und ihm damit für einen Moment die Sicht auf die Straße genommen. Langeweile verbindet er ebenso mit einer weiteren Erinnerung an seinen Vater, der ihn bei einem Urlaubsaufenthalt auf Madeira wegen angeblicher Geschäfte im Hotel allein zurückgelassen hat. Dass er dies als **Vernachlässigung** empfunden hat („Das muß man sich mal vor Augen führen: Geschäfte auf Madeira. Na ja, egal.", S. 89), wird nur angedeutet, nicht ausgesprochen. Mit warmen Gefühlen spricht er hingegen von Bina, offenbar der Haushälterin der Familie. Sie hat ihm die Krusten des Toastbrots abgeschnitten (vgl. S. 121), später die Hemden gewaschen und ordentlich gebügelt (vgl. S. 92) und nur von ihr wird er – eine Parallele zu Rollo – freudig willkommen geheißen, wenn er nach Hause kommt (vgl. S. 125). Diese eingestreuten Hinweise deuten auf ein eher **distanziertes Verhältnis zu den Eltern** und auf **frühe Einsamkeitsgefühle** hin.

Lebensstil und Konsummuster

Materiell lebt er offenbar in **privilegierten Verhältnissen**. Er bewegt sich per Flugzeug, Bahn und Taxi oder Pkw durch Deutschland, steigt in Hotels der gehobenen Klasse ab, wenn er nicht bei Freunden Station macht. Mit deutlicher **Nachlässigkeit** geht er auch mit durchaus teuren Gebrauchsgegenständen um: Er verbrennt seine Barbourjacke aus nichtigem Anlass und klaut diejenige Alexanders. Er lässt seinen Triumph-Sportwagen einfach auf der Insel Sylt zurück (vgl. S. 24) und fährt mit der Bahn nach Hamburg, später parkt er den Porsche Rollos, den er am Abend der Party in Meersburg entwendet hat, am Flughafen in Zürich und deponiert die Autoschlüssel im Handschuhfach (vgl. S. 148). Dabei macht er keine Anstalten, den Verbleib der Autos zu regeln. Daraus lässt sich ableiten, dass er zwar in bestimmten Situationen die Autos gerne fährt, dass sie aber jenseits des augenblicklichen Nutzens keinen Wert für ihn besitzen. Interessanterweise nimmt er jedoch sehr präzise wahr, in welches Auto er oder andere gerade einsteigen, wenn es sich nicht um das Neutrum Taxi handelt. So registriert er, dass Karin auf Sylt einen dunkelblauen S-Klasse-Mercedes fährt, und ebenso, zwischen welchen Autotypen sie schließlich parkt (vgl. S. 14 f.). Er unterlässt es auch nicht, den Leser darüber aufzuklären, dass der Porsche Rollos „ein 912er aus dem Jahr 1966“ ist und eine beige Farbe hat (S. 113). Beide Wagen kommentiert er abfällig, findet „Mercedes aus Prinzip nicht gut“ (S. 14) und einen Porsche „im Grunde völlig indiskutabel“ (S. 113). Seine Geschmacksurteile sind frei von jeder Begründung. Die nähere Beschreibung des Porsche zeigt allerdings ein Muster, das sich auch in anderen Bereichen wiederfinden lässt: Die innere Lederverkleidung des alten Porsche beschreibt er als zerschlissen und insgesamt sieht er eine „Holprigkeit, die es heutzutage in Autos überhaupt nicht mehr gibt“ (S. 113).

Und damit wird deutlich, dass lediglich die Originalität, das Besondere, das Unverwechselbare von ihm wertgeschätzt werden. Nicht ein neuer Porsche aus der Serienproduktion, sondern eine Ausgabe, die kein anderer fährt, findet bei ihm Akzeptanz.

Werbeanzeige der Firma Barbour, deren Produkte das Image des Sportlich-Lässigen vermitteln sollen.

Das **Besondere** und **Ausgewählte**, ein **dezidierter und erkennbarer Stil** sind ihm offenbar sehr wichtig. Von Bedeutung scheint es auch zu sein, sich durch Nennung von Markennamen der jeweiligen Qualität oder auch nur des jeweiligen Images zu versichern. So trägt er nicht irgendeine Jacke, sondern eine Barbourjacke, und sogar der ästhetischen Wirkung der Farbe wird nachgegangen (vgl. S. 13). An anderer Stelle erhält der Leser einen kleinen Vortrag über die Qualität seines bevorzugten Herrenhemden-Labels „Brooks Brothers“ (vgl. S. 92). Und an seinem Freund Nigel stört ihn, dass er „ein bißchen schäbig angezogen ist“ und massenhaft verbreitete, billige T-Shirts trägt, „auf denen das Logo einer Firma steht, [...] so richtige Firmen wie Esso oder Ariel Ultra oder Milka“ (S. 31).

Die auf der Insel Sylt aufeinandertreffenden Mitglieder der Jeunesse dorée schleppen nicht einfach Sekt oder Champagner in die Dünen, sondern „Roederer" (S. 20) und der Erzähler nimmt nicht einen Drink, sondern einen „Single Malt" oder einen „Brandy Alexander" – manchmal allerdings auch einfach ein Bier. Diese Linie setzt sich fort, wenn er andere beobachtet. Er erkennt bei der alten Frau, die seine Sitznachbarin auf dem Flug nach Frankfurt ist, dass sie eine „Cartier-Uhr" trägt (S. 55) und einen Notizblock von Tiffany (vgl. S. 63) benutzt; und es stört ihn, dass im Bistro der Bahn nur Christinen-Brunnen, „so ein gräßliches Proleten-Wasser" (S. 82), angeboten wird. Wichtig sind ihm offenbar **Markennamen als Distinktionsmerkmal:** Labels zeigen an, ob man „in" oder „out" ist, ob man zur Masse, zu den Durchschnittsmenschen, oder zur **Elite** gehört.

Verhaltensweisen und Obsessionen

Dabei bleibt ohne inhaltliche Füllung, was denn eine wie auch immer geartete Elite definieren könnte. Der Protagonist kann sehr entschieden sagen, was er alles ablehnt, aber nur selten untermauert er seine Ansichten, häufig bleibt es bei knappen Anmerkungen und unpräzisen Benennungen, er findet vieles einfach nur „blöd", auch „scheiße". Unvollständige Kenntnisse und **Bildungslücken** überspielt er, indem er behauptet, sich sicher zu sein. So erklärt er Walther von der Vogelweide, den Dichter des Minnesangs, ebenso zu einem mittelalterlichen Maler wie Bernhard von Clairvaux, den Begründer des Zisterzienserordens, und bekräftigt seine Aussage explizit: „das weiß ich." (S. 67)

In vielen Situationen wirkt er unsicher, dann zündet er sich sofort eine Zigarette an oder trinkt etwas, weiß nicht recht, wohin mit seinen Händen und wie er mit der Situation umgehen soll (vgl. S. 39, 101, 126). Er **raucht** nahezu permanent und **trinkt** viel, zu viel. Gesprochen wird bei seinen Begegnungen mit alten Freunden oder auf Partys wenig. Der Erzähler raucht, trinkt, lässt sich in Hamburg auch einmal zu einer Party-Droge verführen, beobachtet und gibt das, was er sieht, in einem **fortwährend ablaufenden inneren Monolog** wieder, als sei er eine Kamera in seinem eigenen Leben. Da er nur selten etwas isst, kommt es häufig zu Übelkeiten als Folge des unmäßigen Alkoholgenusses. Gelegentlich verrät er einen Zug der Härte gegen sich selbst. So proklamiert er einmal fast heroisch, dass er seine körperliche Schwäche ignorieren müsse: „Egal. Jetzt trinke ich einfach weiter. Ich kenne das schon. Da muß man durch. Ab und zu eine Zigarette rauchen, dann geht das schon in Ordnung." (S. 95) Er tut so, als entspreche ein solches Verhalten seiner Vorstellung von dem, was es auszuhalten gelte.

Diese **Übelkeiten** werden sehr drastisch beschrieben, bei sich und bei anderen. Da platschen „große gelbe Kotzschwälle" (S. 75) auf den Teppich. Er beobachtet und beschreibt nicht nur das Erbrechen detailverliebt, auch seine Empfindungen beim Wasserlassen in öffentlichen Pissoirs (vgl. S. 80) und die Winde eines Taxifahrers (vgl. S. 37) sind ihm eine ausmalende Darstellung wert. Hundekacke betrachtet er ebenso mit Interesse (vgl. S. 14 f., S. 157). Die **Mischung aus Ekel und Faszination**, die diese Phänomene bei ihm hervorrufen, findet sich auch bei seinen peinlichen und schambesetzten Kindheitserinnerungen.

Ekel und sogar Panik lösen bei ihm Begegnungen mit homosexuellen Männern aus. Er kommentiert abschätzig und verachtend ein Verhalten, das er als schwul beurteilt („Schwuletten-Blick", S. 131). In der direkten Konfrontation ergreift er sofort die Flucht. Dies gilt für einen Trip auf die Insel Mykonos, den er von Panik getrieben nach zwei Stunden abbricht, als er zufällig an einen Schwulentreff gerät, und ebenso für die Begegnung mit Eugen in Heidelberg, der ihn zu verführen versucht. Auf die Angebote zu sexuellen Spielen in der Gruppe reagiert er in gleicher Weise. Dass er sich nur entziehen kann und auch im Nachhinein nicht über die Zusammenhänge und seine Gefühle reflektiert, vor allem kein Gespräch sucht (z. B. mit Nigel), sondern stattdessen die Beziehung kappt, zeigt seine noch **nicht abgeschlossene sexuelle Identitätsfindung**, aber auch seine Unfähigkeit, Konflikte auszutragen und mit ambivalenten Gefühlen umzugehen.

Das erotisch-sexuelle Versagen des Ich-Erzählers

Sarah, seine erste Freundin	er übergibt sich im Gästebett ihrer Eltern	Scham, Panik, Flucht
Karin	• er geht auf Sylt nicht auf ihre Annäherungsversuche ein • missglückter Kuss auf Rollos Party	
Mädchen auf Hamburger Party	sie übergibt sich im Drogenrausch	
Nigel, Model, Mann	panische Reaktion auf die Einladung zum Gruppensex	
Eugen	Furcht vor homosexueller Verführung	

↓

Flucht in Tagträume: Leben mit Isabella Rossellini

Spannungen und Frustrationen im sozialen Kontakt

Im Zusammenhang mit seiner Konfliktunfähigkeit ist die **Neigung zu Pöbeleien** zu sehen. Nur in einem Fall spricht er allerdings auch aus, was er denkt. Im Warteraum des Flughafens in Hamburg fühlt er sich von einem anderen Passagier provoziert und „sag[t] ganz leise, aber so, daß er es hört: Halt's Maul, du SPD-Nazi" (S. 53). Dass er die Beschimpfung nur leise äußert und anscheinend tunlichst jedes Aufsehen vermeiden will, spricht für seine Konfliktscheue. Auf der anderen Seite haben sich offenbar Aggressionen in ihm aufgestaut, die nach einem Ventil suchen. Jenem Mann kommt dabei die Funktion eines Sündenbocks zu, denn nicht er, sondern der Protagonist zeigt ein provozierendes und unangemessenes Verhalten (unmäßige Proviantsammlung, unkontrollierte Niesattacke). Dieser befindet sich in einer emotionalen Ausnahmesituation. Mit zitternden Fingern ist er auf dem Flughafen angekommen, nachdem er zuvor voller Abscheu aus der Wohnung Nigels geflüchtet war. Angestrengt versucht er, seine Selbstkontrolle wiederzugewinnen. Er imitiert **Verhaltensmuster aus Werbespots**, die Coolness signalisieren sollen (vgl. S. 51), und hängt der Erinnerung an einen unbegleiteten Flug als Kind nach, bei dem das Personal und die Piloten ihn „wie einen kleinen Prinzen“ (S. 51) behandelt haben.

Das Fliegen erscheint ihm als etwas Erhabenes (vgl. S. 55) und das Besteigen eines Flugzeuges steht symbolisch für „so eine Art Übergang von einem Leben ins andere oder eine Mutprobe. Irgend etwas ändert sich im Leben, alles wird für einen kurzen Moment erhabener“ (S. 55). Diese **Sehnsucht nach einer qualitativen Veränderung**, nach einem neuen Anfang und der Flucht vor bedrängenden, unangenehmen Situationen wird jedoch nachhaltig durch die Realität destruiert: Die enervierenden Sicherheitskontrollen durch „blöde verschlafene Beamte“ (S. 52) und das Wissen, dass „[j]eder Betriebsratsvorsitzende einer Kugellagerfabrik“ schon regelmäßig fliegt, zerstört den Anflug eines „Gefühl[s] der Anonymität und des Wichtigseins“ (S. 52). Seine aggressiven Tiraden und die Wunschvorstellungen entspringen seiner **Frustration** und seinem Unvermögen, den wahren Ursachen seiner Gefühle nachzugehen.

Abfällige Bemerkungen und abwertende Beschreibungen finden sich allerdings auch in Situationen, in denen er relativ entspannt ist. Es trifft Taxifahrer, Studenten mit alternativem Outfit und Figuren aus der autonomen Szene. „Gutmenschen“ jeder Art und Hippies werden ebenfalls ironisierend und herablassend dargestellt. So amüsiert er sich bei der Vorstellung, dass Berliner Autonome, die afrikanische Nomaden mit europäischen Gebrauchtwagen über den Tisch ziehen wollen, von diesen ausgeplündert werden. Er malt sich das Bild eines Tuaregs mit „strahlend blauen Turbanen und Doc Martens an den Füßen“ (S. 119) aus, der einen alten Fiat Uno fährt, während „Ton Steine Scherben aus den Lautsprechern plärrt“ (S. 119), tote Berliner Autonome am Straßenrand liegen und die Sonne ihnen „die Haut von ihren ausgemergelten Verliererphysiognomien“ (S. 120) abschält. Die Nomaden sieht er sich an Jack Daniel berauschen, der im Auto gebunkert worden ist. Dies sei zwar ein „reaktionäres Schweine Red-Neck-Getränk [...], aber Berliner Autonome trinken das nun mal“ (S. 120). Hier wird deutlich, dass die ausmalende Beschreibung einen Widerspruch zwischen dem politischen Anspruch der Autonomen einerseits und deren konkretem Verhalten andererseits herausarbeiten soll. Alles **Pharisäerhafte**, jede doppelte Moral oder Heuchelei scheint den Erzähler zu ärgern, zu **reizen** und löst Negativ-Kommentare aus. Dies gilt auch, wenn er über den Vater von Rollo spricht, der zwar mit hohen Geldbeträgen und großem Engagement südindische Aschram-Gemeinschaften unterstützt, dabei aber seinen eigenen Sohn vernachlässigt (vgl. S. 121 f.).

Sehnsüchte und Fantasiewelten

Bei allen sozialen Kontakten bleibt er sehr zurückhaltend und äußert seine Gedanken nur spärlich. Dafür ist er mit seinen **sinnlichen Wahrnehmungen** deutlich aktiver, vor allem mit seinem Geruchssinn. Beständig steigen ihm Gerüche in die Nase, die Kindheitserinnerungen auslösen. Häufig sind Gerüche vertreten, die mit Sauberkeit assoziiert werden können (z. B. Seife).

Aber auch momentane **Glücksgefühle** kennt er. Glück empfindet er in Situationen relativer Harmonie, so z. B. im *Odin* auf Sylt (vgl. S. 20). Zudem gibt es Momente der Ruhe, etwa wenn er am Abend in Meersburg auf den Bodensee schaut und sich in der Natur aufgehoben fühlt (vgl. S. 126 f.). Dass er eine Sehnsucht nach einem anderen Leben hat, das menschliche Nähe, familiäres Leben und Geborgenheit bereithält, wird in seinen Tagträumen offenbar. Die Schauspielerin und Werbeikone in der Kosmetikbranche der 80er-Jahre, Isabella Rossellini, symbolisiert für ihn diese **Wunschwelt**. Er fantasiert von einem Leben mit ihr an abgeschiedenen Orten in der Welt, zuerst auf den Hebriden, später in den Schweizer Bergen. Es ist ein karges und bescheidenes Leben, das er sich da bebildert: Er sitzt mit Isa – so seine vertraute Ansprache – und den Kindern in ungeheizten Hütten auf windgepeitschten Südseeinseln oder zwischen Bienen und Ameisen an Schweizer Bergseen. Es sind Bilder einer Idylle, die in ihrer **Klischeehaftigkeit** bereits in Ironie umschlagen.

Isabella Rossellini (Foto von 1985)

Fantasievolle Ausgestaltungen fremder Lebensentwürfe finden sich im Übrigen auch zu einer Reihe von Personen (alte Dame im Flugzeug, Taxifahrer, Hotelangestellter etc.). Der Erzähler malt sich ihr Leben aus, verlebendigt seine Bilder mit so vielen Details, als verfasse er ein Storyboard für einen Film. Diese **Faszination des Virtuellen**, des Fiktiven wird im Alltag begleitet von seiner unübersehbaren Scheu, mit realen Menschen umzugehen. Im wahren Leben sucht er die Distanz, bleibt er Beobachter, hält er sich bedeckt. Nicht zuletzt misslingen alle Kontakte zu Frauen. Und so bleibt für den Leser letztlich offen, was der Held des Romans sich vom Leben wünscht und erhofft.

Verhalten im Umgang mit Freunden

Der Erzähler besucht nacheinander drei Männer, von denen er behauptet, sie seien gute Freunde von ihm.

An **Nigel**, seinem Hamburger Freund, schätzt er dessen Bereitschaft zum genauen Zuhören (vgl. S. 34). Er sieht über das ungepflegte Äußere Nigels hinweg, da dieser für ihn „der am wenigsten eingebildete Mensch“ ist, den er kennt (S. 34 f.). Andererseits bezeichnet er ihn als „nicht kommunikationsfähig“

(S. 36) und deshalb interessiert an regellosen privaten Partys. Es fällt ihm schwer, eine so klar kritische Bewertung über das Verhalten eines Freundes abzugeben, denn er leitet seine Aussage mit relativierenden Anmerkungen ein (vgl. S. 36). Dennoch geht er nach dem verunglückten Abend ohne ein Wort, lässt die ihm als Freundschaftsbeweis übergebenen Wohnungsschlüssel zurück und nimmt sich vor, einfach nicht mehr an Nigel zu denken.

Auf dem Weg nach Frankfurt zu **Alexander** versucht er zu ergründen, warum es schon seit längerer Zeit eine Funkstille zwischen ihnen gibt, doch die Zusammenhänge erschließen sich ihm nur in Ansätzen. Er kann sich zwar an einzelne Geschehnisse erinnern, dringt aber nicht zu den wahren Gründen vor (vgl. S. 62). Er schafft es nicht, telefonisch mit Alexander Kontakt aufzunehmen, und als er zufällig in einer Bar auf ihn trifft und dieser ihn überhaupt nicht wahrnimmt, kann er es nicht fassen (vgl. S. 80 f.). Sobald Alexander den Raum verlässt, nimmt er – ohne lange nachzudenken – dessen Barbourjacke an sich und geht. Es wirkt so, als wolle er sich gewaltsam ein Stück von Alexander verschaffen und damit den Verlust an Beziehung kompensieren.

Dass er **übersehen wird**, nicht wiedererkannt wird, passiert ihm häufig (Horx im Zug, Anne auf der Party in Hamburg, Nigel auf der Party in Heidelberg, Hannah im Ksar in München). Er reagiert verunsichert, empfindet die Situation als peinlich oder rast kopflos davon und fällt in Ohnmacht, wie bei der Wiederbegegnung mit Nigel in Heidelberg. Die Intensität der Reaktion macht deutlich, dass er dieses **Nicht-Erkennen als ein verletzendes, gegen ihn gerichtetes Verhalten** interpretiert. Er versucht jedoch nicht, zu einem späteren Zeitpunkt seine Empfindungen zu analysieren. Die Dinge geschehen, werden in ihrem Ablauf wahrgenommen, protokolliert und abgelegt. Er richtet seinen Blick nicht unter die Oberfläche, in die Tiefe.

Vor dem Hintergrund seiner eigenen uneingestandenen Verletzlichkeit ist sein Verhalten **Rollo** gegenüber von ganz besonderer Bedeutung. Er sieht Rollos Verlorenheit, er erkennt dessen fortgeschrittene Tabletten- und Alkoholsucht. Er benennt die Einsamkeit des jungen Mannes inmitten der vielen angeblichen Freunde, die zu dessen opulenter Geburtstagsfeier gekommen sind, und offenbar weiß er, was wahre Freunde zu tun haben:

> *Sie würden sagen, komm Rollo, du mußt jetzt ins Bett, und dann würden sie ihn ins Schlafzimmer bringen und bei ihm sitzen, bis er einschläft. Und wenn er schlecht träumen würde, dann würden sie ihn beruhigen. Freunde würden die ganze Nacht da sitzenbleiben, und danach noch zwei Wochen bei ihm bleiben und jeden Drink, den er sich macht, und jede Valium, jede Lexotanil ihm aus den Händen nehmen, so lange, bis er wieder klar denken könnte.* (S. 138 f.)

So ähnlich hat sich ja auch Rollo ihm gegenüber verhalten, als er ihn bewusstlos vor der Villa in Heidelberg fand. Rollo hat ihn in sein Auto geschafft und mit nach München genommen, ohne ein ausgesprochenes Dankeschön des Helden zu erhalten, dem das einfach zu „peinlich“ (S. 108) gewesen ist.

Er aber verfügt nicht über ein Verhaltensrepertoire, mit dem er der Problemlage und der Situation gerecht werden könnte. Und so **versagt er** und lässt Rollo einfach im Stich. Er führt ihn, der abgefüllt mit Tabletten und Alkohol auf dem Rasen steht, auf den Bootssteg. Er fasst ihn an, will ihn beruhigen, doch als die Berührung bei Rollo zu einer Verstärkung des Zitterns führt und dieser schließlich von einem heftigen Weinkrampf ergriffen wird, reagiert der Protagonist mit starker innerer Abwehr, **schaltet jede Empathie aus** und sucht nur noch nach einem **Fluchtweg** aus der Situation. Unter dem Vorwand, einen Drink holen zu wollen, lässt er ihn im klaren Bewusstsein des Kommenden einfach dort stehen: „Ich weiß genau, daß ich mir kein Getränk holen werde und noch viel genauer weiß ich, daß ich Rollo nicht wiedersehen werde.“ (S. 145)

Ein solches Verhalten wirkt sehr gefühlskalt und auch die nüchtern beschriebenen Folgehandlungen, mit denen er seine sofortige Abreise organisiert, dokumentieren eine Kaltschnäuzigkeit, die ihresgleichen sucht. **Starke Emotionen scheinen den Erzähler zu überfordern.** Die Unmöglichkeit, sich in ästhetisierende Oberflächenbetrachtung zurückziehen zu können und Distanz zu schaffen, lähmt ihn. In einer solchen Situation wird Flucht zu seinem einzigen Ausweg.

So verliert er Freundschaften, Beziehungen, Menschen, die ihm wichtig sind. Dabei hat er durchaus ein Bewusstsein davon, dass er sich schwer tut im sozialen Kontakt, denn er kommentiert in seinem inneren Monolog die Annahme von Eugens Einladung durchaus selbstkritisch: „Ich habe ja Schwierigkeiten damit, neue Menschen kennenzulernen, deswegen freut es mich, einen Menschen kennenzulernen, der in Ordnung zu sein scheint." (S. 96) Er geht auf neue Situationen und neue Menschen **nicht vorbehaltlos und offen** zu, sondern testet ihr Verhalten, um sie einschätzen zu können. So verhält er sich taktisch gegenüber Nadja in der Heidelberger Villa (vgl. S. 101) und prüft misstrauisch, ob sie Interesse an ihm hat. Da seine Wahrnehmung von Personen sehr zentral über deren Außenbild (Details der Kleidung, Aussehen, Trinkgewohnheiten etc.) gesteuert wird, gelangt er in der Regel nicht zu tragfähigen und aussagekräftigen Erkenntnissen. Eugen z. B. erweist sich schließlich als ein Mann, der lediglich das schnelle Abenteuer sucht und ihn zum Objekt seiner Lust machen will, dabei löst er mit seinem gepflegten Äußeren einen positiven Eindruck bei dem Protagonisten aus: Eugen verhält sich überaus freundlich und spendabel, trägt „ein gutes Jackett […] und […] seinen Pullover um die Hüften gebunden" (S. 96). Auf Freundlichkeit reagiert der Protagonist immer mit opportunistischem Entgegenkommen und guter Laune, auch dies weiß er: „In solchen Momenten denke ich immer, ich bin extrem leicht zu ködern." (S. 99 f.)

Der Ich-Erzähler – ein Charakter ohne Konturen?

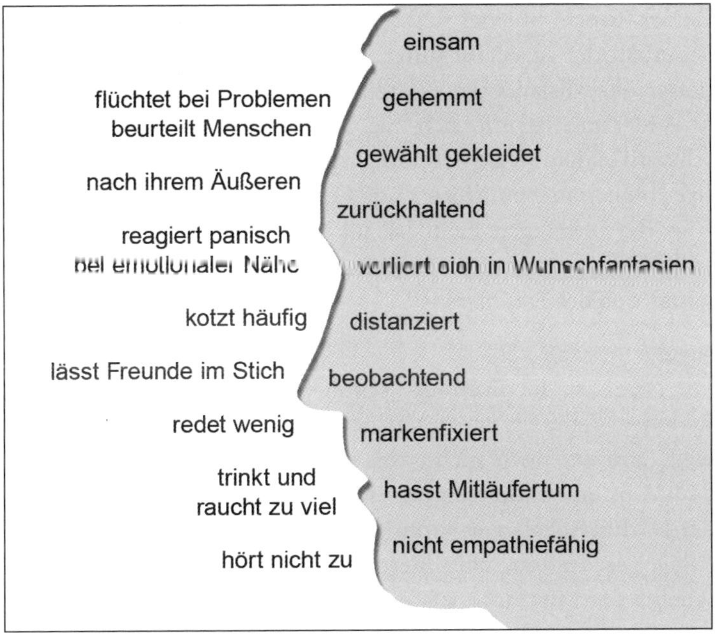

Der Erzähler ist in vielen Dingen **unsicher**, auch **in seiner eigenen Identität**, widersprüchlich in seinen Aussagen über andere, schwankend in seiner Befindlichkeit. Sein schwer greifbarer Charakter spiegelt sich auch in seiner **Namenlosigkeit**. Er ist auf der Suche und weiß nicht wonach, ist auf der Flucht und kann nicht sagen wovor. Er vermeidet es, im Spiegel sein Gesicht bewusst zu betrachten, sondern schaut „nur so an die Ränder" (S. 128). Und in seltenen lichten Momenten kann er erkennen, auf welch schwankendem Grund er sich bewegt: „Es gibt so Momente, in denen ich alles genau verstehe, so, wie mit Nigel und seinen T-Shirts, und dann plötzlich entgleitet mir wieder alles" (S. 69 f.).

Die Nebenfiguren

Da der Roman in einer strikten Ich-Perspektive verfasst worden ist, erhält der Leser nur durch die Brille des Erzählers Informationen über die anderen Figuren der Handlung.

Widersprüche, die sich aus der sehr subjektiven und auch schwankenden Wahrnehmung des Erzählers ergeben, lassen sich folglich nicht auflösen. Die Herausarbeitung der Charakterzüge der jeweiligen Figur ist aus den gleichen Gründen nicht vollständig zu trennen von einer Klärung der Wahrnehmungsstrukturen des Erzählers.

Nigel

Mit Nigel ist der Erzähler „schon ziemlich lange" (S. 29) befreundet, dennoch ist sein Wissen über ihn begrenzt, denn er weiß „immer noch nicht, was er genau macht" (S. 29). Nigel wohnt in einem der teuren Viertel Hamburgs, in Pöseldorf, in der Nachbarschaft von Prominenten. Seine Wohnung ist großzügig geschnitten, aber heruntergekommen. Charakteristisch scheint die Mischung aus einzelnen wertvollen Möbelstücken und Trash zu sein. Unmengen von Fotokopien, Fotos und Büchern sowie herabfallender Putz vermitteln den Eindruck von einer etwas schrägen Weltvergessenheit des Bewohners. Praktische Bedürfnisse des Wohnens werden nicht unbedingt erfüllt, es fehlt zum Beispiel eine angemessene Sitzgelegenheit (vgl. S. 34).

Nigel ist offenbar ein **vermögender junger Mann**. Jedenfalls geht er keinem Beruf und auch keiner zielgerichteten Ausbildung nach. Die Verwaltung seines Vermögens überlässt er Anlageberatern. Dennoch ist er einfach und nach Ansicht des Erzählers etwas „schlampig" (S. 31) gekleidet, seine Kleidung weist Mottenlöcher auf, die Hemden sind nicht gebügelt (vgl. S. 31). Sein Nacken hingegen ist sauber ausrasiert. Offenbar liebt er einfache T-Shirts mit Reklamelogos, mit denen er nach eigenen Angaben provozieren will.

Der Erzähler erlebt ihn als **offen und freundlich**, er hört seinem Bericht über die Sylter Erlebnisse interessiert zu, kommuniziert ruhig und wirkt nicht elitär. Nigel scheint **großzügig** zu sein, schließlich hat er dem Erzähler seine Wohnungsschlüssel als Zeichen der Freundschaft überlassen.

Dennoch bezeichnet der Erzähler Nigel als „irgendwie [...] nicht kommunikationsfähig" (S. 36) und sieht darin die Ursache für dessen **Party-Sucht**. Nigel geht angeblich niemals in öffentliche Discos, versäumt aber keine private Party-Veranstaltung, denn diese bieten ihm nach Ansicht des Erzählers einen Schutzraum und dort könne er sich bewegen, „ohne kommunizieren zu müssen" (S. 37).

Beide besuchen noch am Abend seiner Ankunft eine Party. Nigel kümmert sich während der Feier nicht um seinen Freund, verführt ihn allerdings zur Einnahme einer Party-Droge. Er geht eigenen Interessen nach, unterhält sich über Filme und Regisseure, bezieht den Protagonisten jedoch nicht ins Gespräch ein und macht ihn auch nicht mit anderen bekannt. Offenbar verlässt er ohne jede Nachricht für seinen Freund die Party und vergnügt sich – wie der Erzähler dann später feststellt – in seiner Wohnung mit einer Frau und einem Mann bei Sexspielen. Dabei wird sein **exzessiver Drogen- und Alkoholkonsum** offensichtlich. Im Drogenrausch erlebt der Erzähler seinen Freund auch einige Tage später auf einer Heidelberger Party, auf die es ihn zufällig verschlägt. Nigel ist nicht in der Lage, ihn zu erkennen.

Die Summe der erzählten Details deutet auf ein selbstbezogenes, typisches Verhalten von Suchtkranken hin, das von dem Protagonisten allerdings nicht bewusst als solches wahrgenommen und thematisiert wird.

Im Verlauf des Geschehens vollzieht sich allerdings ein abrupter Wandel in der Einstellung des Erzählers zu Nigel. Während er zu Beginn bereit ist, um der Freundschaft willen das ungepflegte Äußere Nigels nicht zu kritisch zu bewerten und ihn in schmutzige Kneipen und auf Partys zu begleiten, wendet er sich nach dem Gruppensex-Erlebnis mit Anzeichen des Ekels und der Verachtung entschieden von ihm ab, lässt die Schlüssel zurück und sucht keine Aussprache mit ihm.

Alexander

Am Elite-Internat Schloss Salem am Bodensee hat der Erzähler u. a. Alexander und Karin kennengelernt.

Mit Alexander, von dem er als „Freund“ (S. 61) spricht, hat der Erzähler im Internat Schloss **Salem** ein Zimmer geteilt und beide haben oft und gerne getrunken, sogar zur Abiturprüfung seien sie angetrunken angetreten. Alexander hat früh seine Eltern durch einen Unfall verloren und lebt von dem **geerbten Vermögen**.

Alexander wird als „feiner Kerl“ und „kluge[r] Kopf“ (S. 66) bezeichnet, der attraktiv und gut gekleidet daherkommt, zu allem und jedem eine klare **Anti-Haltung** bezogen hat und von Mädchen umschwärmt gewesen ist. Er hat später zeitweilig in Berlin gelebt und in dieser Zeit sind sie gemeinsam in der *Paris Bar* dem Filmemacher Wim Wenders begegnet. Als der Protagonist das Gespräch mit Wenders über einen Film gesucht hat, kam es anschließend zu einem heftigen Streit zwischen ihm und Alexander. Da die Differenzen nicht geklärt werden konnten, bildet dieser Streit eine Zäsur in ihrer Freundschaft: „Irgendwas war kaputtgegangen durch diesen Streit." (S. 62) Dem Erzähler gelingt es nicht, die Gründe für die Auseinandersetzung zuverlässig zu rekonstruieren. Auf jeden Fall habe Alexander ihm vorgeworfen, Haltungen wie ein „blöder Hippie" an den Tag zu legen, da er glaube, „er könne Sachen verändern durch Diskussionen" (S. 62). Grob sind sie bei dieser Auseinandersetzung miteinander umgegangen und haben sich danach nicht mehr gesehen.

Alexander hat offenbar weiterhin Urlaubskarten und Fotos geschickt, auf denen er „ziemlich lange Haare, schulterlang und fettig," trug und „ziemlich lässig einen riesigen Joint in der Hand" hielt. Dieser Alexander entspricht nicht seinem alten Bild und er bemerkt, „wie verdammt fremd er [ihm] geworden war" (S. 67).

Seine Erinnerungen an Alexander bringen allerdings weitere Aspekte zutage, die deutlich machen, dass es **viele Diskrepanzen** zwischen den beiden gegeben hat. Der Erzähler kann nur teilweise verstehen, welche Beweggründe und Haltungen Alexanders Leben bestimmen. So erinnert er sich mit Befremden an die Briefe und Bilder, die Alexander ihm aus Afghanistan oder anderen Ländern der Dritten Welt geschickt hat, die er jahrelang bereiste, um die Verbreitung deutscher Popmusik zu studieren. Der Ich-Erzähler findet keinen Zugang zum Sinn dieser Aktion. Ebenso wenig versteht er, dass sich Alexander, der „doch sonst immer so ein kluger Kopf" (S. 72) gewesen sei, in **Varna** verlieben konnte, die er als „so billig, so vorhersehbar, so liberal-dämlich" (S. 73) empfindet, dass er ihr einfach gar nicht zuhören möchte, wenn sie spricht. Die Frau, der Alexanders Liebe gilt, reizt ihn zu Aggressionen: eine umtriebige Person, die ständig auf Partys und Vernissagen zu finden ist und in seinen Augen lediglich die Positionen eines alternativ-grünen Lebensentwurfs nachplappert, oder was gerade sonst angesagt ist, ohne eine eigene Meinung zu haben. Er versucht anfangs, Alexander von einer Beziehung mit Varna abzubringen (vgl. S. 73), doch der zeigt sich unbeeinflussbar und kündigt stattdessen ihm die Freundschaft.

Die Art, wie der Erzähler von diesen Erlebnissen und Erfahrungen berichtet, ist nicht frei von einer gewissen **Eifersucht**. Es scheint, als habe er Alexander bewundert und die Entfremdung, die eingetreten ist, als **narzisstische Kränkung** erlebt. Die ungeklärten emotionalen Wünsche und Enttäuschungen verhindern offenbar eine klare Analyse des Konfliktpunktes in der Freundschaftsbeziehung, der Erzähler bleibt in **Ambivalenzen und Unsicherheiten** stecken. Als er das Bild des ihm so fremd gewordenen Alexanders in der Hand hält, kann er seine Gefühle nicht ordnen: „Das hat mich nicht traurig gemacht, damals, aber irgendwie hat es das doch. Ich weiß auch nicht wieso.“ (S. 67) Sein Zusammenbruch am Telefon beim ersten Kontakt nach langer Zeit und die Entwendung der Barbourjacke sprechen ebenfalls für eine nicht eingestandene tiefere Beziehung zu Alexander, die offenbar nicht erwidert wurde.

Scheiternde Freundschaften

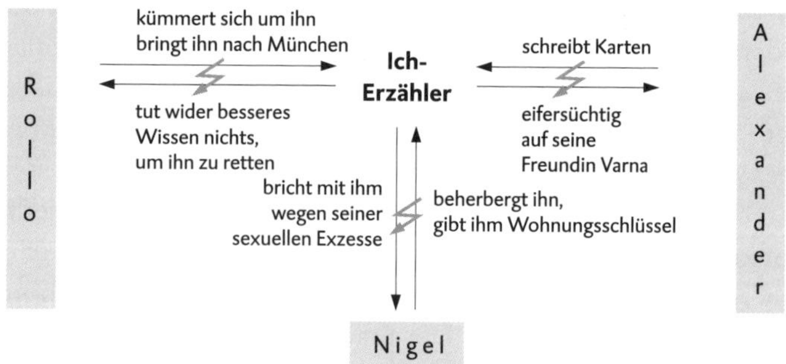

Der Erzähler unternimmt nie den Versuch, Probleme und Misstimmungen kommunikativ zu klären, stattdessen verweigert er sich und flieht

Rollo

Rollo ist kein Mitschüler des Protagonisten, aber er hat ihn in seiner Internatszeit am Bodensee kennengelernt und sie sind in etwa gleich alt. Der Erzähler bezeichnet ihn als „alte[n] Freund" (S. 107) und kennt viele Details aus seinem Leben.

Rollo ist sehr **wohlhabend** und lebt inzwischen in München, in einer überaus großen und hochwertig eingerichteten Wohnung im bevorzugten Stadtteil Bogenhausen. Der Erzähler findet Rollo allerdings nicht sehr stilsicher in Einrichtungsfragen (vgl. S. 117), immerhin bewundert er eine chinesische Opiumliege, ein Erbstück von Rollos Großvater, der um 1900 in dem damaligen deutschen kolonialen Pachtgebiet Kiautschou als Beamter tätig war. Rollo fährt einen alten Porsche und ist offenbar selbst auf Raves gut gekleidet, sodass die Raver ihn misstrauisch beäugen.

Seine Schulzeit hat Rollo in der **Waldorfschule** verbracht. Aus der Sicht des Erzählers, der Charakteristika der anthroposophischen Pädagogik ironisierend darstellt (vgl. S. 121 f.), hat Rollo dort Schaden genommen: „Daher wird sein Knacks kommen." (S. 122) Damit wird zugleich deutlich, dass er Rollo in irgendeiner Weise **als gestört** wahrnimmt.

Rollo hat seine Jugend und Kindheit in dem großen elterlichen Haus in Meersburg am Bodensee verlebt und wurde durch Hausangestellte betreut. Die Mutter scheint tabletten- oder alkoholsüchtig zu sein und schon sehr lange in einem Sanatorium zu leben (vgl. S. 124, 128, 150). Der Vater hat sich als „Hauptsponsor" in einem Aschram in Südindien engagiert, transferiert seit 20 Jahren große Summen dorthin und macht mit seinen Zuwendungen die Strahlkraft des dortigen Gurus erst möglich. Als wichtigster Finanzier wird er bei seinen Besuchen so sehr in Festlichkeiten eingebunden, dass er seinem ursprünglichen Wunsch, einen ruhigen Ort der Meditation und Besinnung zu finden, nicht mehr erfüllen kann. In den Augen des Erzählers hat sich der Vater in Abhängigkeiten begeben und damit seine ureigenste Freiheit verloren (vgl. S. 123). Er ordnet beide Elternteile als „ziemliche Hippies“ (S. 121) ein und sieht den Grund für diese Entwicklung in einer Übersättigung:

> *Das passiert oft bei ganz reichen Leuten, daß sie so ins Hippietum abdriften. Vielleicht, weil sie alles andere schon gesehen und erlebt haben und sich alles kaufen können und dann irgendwann in sich so eine furchterregende Leere entdecken, die sie dann nur durch die innere Abkehr vom Geldausgeben ausfüllen können, obwohl sie natürlich weiterhin massiv viel Geld ausgeben.* (S. 121)

Aufgrund dieser Theorie nimmt der Erzähler bei Rollo, der ebenfalls **Alkohol und Tabletten im Übermaß** konsumiert, eine Vererbung als Ursache an: „Ich denke, daß er das von seiner Mutter geerbt haben muß“ (S. 128); „Es liegt in Rollos Familie, daß sie diese innere Leere haben, die daher kommt, daß alle das Beste wollen und sich dann irgendwo festfahren.“ (S. 144)

Rollos **Tendenz zur Selbstzerstörung** beginnt früh. Bereits als Jugendlicher hat er sich selbst verletzt und depressive Phasen durchlebt (vgl. S. 124). Dabei wird er als Kerl mit „so eine[r] nette[n] Art“ (S. 124) geschildert, der es allen recht machen will und vor allem möchte, dass „sich die Gäste auf seiner Party amüsieren“ (S. 144). Rollos Verhalten bestätigt diese Einschätzung. So freut dieser sich sehr, als er nach Meersburg zurückkommt und die philippinische Köchin ihn herzlich begrüßt. Er hat sich auch in Heidelberg sofort um den Protagonisten gekümmert, ihn in sein Auto geschafft, mitgenommen und auf seine große Geburtstagsparty eingeladen. Dass jedes erwartbare Dankeschön von Seiten des Protagonisten ausbleibt, scheint ihn nicht zu stören.

Es gibt aber auch eine andere Seite bei Rollo, die sich auf dem Rave bei München zeigt. Er kommuniziert mit einem abgetakelten Hippie in unaufrichtiger Weise und schiebt ihm eine Valium als Ecstasy-Droge unter, während er im Vorbeigehen anderen Ravern Drogen in ihr Getränk mischt. Der Erzähler bewertet ihn als „harte[n] Zyniker“ (S. 109), findet die Aktionen „natürlich grandios“ (S. 113), konstatiert im Weggehen allerdings, dass Rollo „eine ziemlich bösartige Ader“ (S. 113) habe.

Diese sehr heterogenen Bewertungen bleiben hart nebeneinandergesetzt stehen und zeigen die **unauflösbare Widersprüchlichkeit im moralischen Urteilsvermögen** des Erzählers.

Rollo hat am Abend seiner Geburtstagsparty einen Zustand erreicht, in dem er nicht mehr zusammenhängend reden kann und in seiner Abendgarderobe mit wankenden Knien und flatternden Augenlidern (vgl. S. 132) ein mitleiderregendes Bild abgibt. Er scheint innerlich keine Bindungen zu all seinen Gästen zu haben, zuletzt steht er schwankend und weinend in tiefer Einsamkeit und vollgepumpt mit Tabletten und Alkohol auf dem Bootssteg. Sein Zustand wird als so desolat geschildert, dass es offen bleibt, ob sein Tod ein Unfall oder ein halb bewusster Akt der Selbsttötung gewesen ist.

Porträt einer reichen, vergnügungssüchtigen Jugend

Auch ohne direkte Verabredung trifft der Protagonist innerhalb weniger Tage einige seiner Freunde und Bekannten an verschiedenen, weit auseinanderliegenden Orten – es scheint eine eng vernetzte **Community** zu sein, die sich dort miteinander vergnügen will. So wundert er sich auch nicht darüber, dass er Nigel auf der Heidelberger Party wiederfindet oder Rollo ihn ebendort aufliest. Zu dessen Party am Bodensee sind schließlich auch Sergio und Karin eingeladen, die dem Erzähler zuvor auf Sylt begegnet sind. Das stete Zusammentreffen derselben Leute in ganz unterschiedlichen Städten wirkt unrealistisch, soll aber vermutlich die inhaltliche Aussage noch stärker akzentuieren: Auch wenn man einen losen Zirkel bildet, ist man sich doch fremd.

Die **Jeunesse dorée**, die reiche, verwöhnte Jugend, kennt sich teilweise von der gemeinsamen Schulzeit im Eliteinternat Schloss Salem, man trifft sich, um zu feiern und sich dem Rausch hinzugeben. Bezeichnenderweise werden Eltern nur am

Rande oder gar nicht erwähnt: Sie scheinen sich bis auf die materielle Versorgung kaum um ihre Kinder zu kümmern. Rollo und der Erzähler scheinen sogar eine stärkere Zuneigung zu den weiblichen Hausangestellten als zu ihren abwesenden Eltern zu empfinden. Eine ziellose Generation flüchtet sich in Hedonismus und Beliebigkeit. Man weiß trotz jahrelanger Bekanntschaft kaum etwas über den anderen, der Erzähler muss die demütigende Erfahrung machen, dass er oft nicht wiedererkannt oder schlichtweg übersehen wird. Dabei bildet er nicht die Ausnahme, auch Rollo steht inmitten seiner feiernden Gäste vereinsamt und unbeachtet da. Der Wohlstand der jungen Menschen hat offenbar Egozentrik und Oberflächlichkeit befördert, sodass jeder nur seinen eigenen Spleens und Obsessionen folgt, während aufrichtige zwischenmenschliche Gefühle zwar ersehnt, aber nicht realisiert werden. Bei großem **materiellen Reichtum** sind die jungen Leute **emotional verarmt**.

2 Aufbau und Erzählstruktur

Der Roman zeigt eine für die traditionelle Form der Gattung unübliche **Gliederung nach Kapiteln**, zugleich bleibt diese Untergliederung aber formal, denn die Kapitel tragen einfach nur Nummern. Diese Anlage erinnert an den Aufbau einer sachlichen Abhandlung und stellt eine erste Irritation für den Leser dar.

Das zentrale Geschehen, eine Reise vom Norden Deutschlands bis in die Schweiz, wird aus der Sicht eines namenlosen **Ich-Erzählers** im **Präsens** dargeboten. Die Handlungszeit umfasst nur wenige Tage, jedoch lässt sich deren genaue Zahl nicht ableiten. Jedes Kapitel markiert einen Ortswechsel, dabei gibt es nur kurze zeitliche Ausblendungen – mit Ausnahme eines größeren, zwei Tage umfassenden Sprungs in der Handlung zwischen dem siebten und dem achten Kapitel.

Der Roman trägt die Gestalt eines Berichts, den der Erzähler beobachtend, reflektierend, erinnernd, beschreibend oder das Geschehen kommentierend wiedergibt; an keiner Stelle findet sich eine wörtliche Rede.

Gespräche werden auch nur sehr sparsam in indirekter Rede oder zusammenfassend dargestellt, was die kommunikativen Defizite der auftretenden Figuren und ihre Konzentrierung auf das eigene Ego unterstreicht. Es dominiert der **Erzählerbericht** des Protagonisten. Der Leser erhält eine umfangreiche **Innensicht**, da der Ich-Erzähler bereitwillig viele Wahrnehmungen mit Bewertungen versieht oder darauf bezogene Reflexionen mitteilt – und dennoch bleiben handlungsentscheidende Motive und Zusammenhänge nebulös und undeutlich.

Wenn auch die klare Perspektivität und die in großen **Teilen feststellbare Deckung von erlebendem und erzählendem Ich** sowie die chronologische Anlage der Handlung bei dem Leser den Eindruck eines **linearen Erzählens** erwecken, so sind doch eine Reihe von **Rückblenden** und **Einschüben** integriert. Zum Teil sind es nur einige wenige Sätze, es finden sich jedoch auch Passagen, die mehrere Seiten umfassen. Es gibt sogar Elemente von **Vorausdeutungen**, die sich aus dem zeitweiligen Auseinanderfallen von Erleben und Erzählen ergeben. Der Erzähler verknüpft die verschiedenen Zeitebenen explizit mit sprachlichen Überblendungen („Während mir das alles einfällt, muß ich lächeln“, S. 78), kündigt sie an und legt die Assoziationspunkte offen („Ab da höre ich nicht mehr zu, weil mir plötzlich dieser Geruch der Holzbohlen und des Meeres in die Nase steigt, und ich denke daran, wie ich als kleines Kind …“, S. 16) oder macht gelegentlich auch einen harten Schnitt („Jedenfalls mache ich mich ausgehfertig.“, S. 36).

Die **Unterbrechungen des Erzählflusses** unterscheiden sich in ihrer Funktion. Im Folgenden soll ein Überblick gegeben werden:

Erinnerungen an Kindheit und Schulzeit/an frühere Erlebnisse mit Freunden	**Seite/n**	**ausgelöst durch**
Urlaube als Kind auf Sylt	16	Geruch der Holzbohlen
Spiel in den Bunkern als Kind	18	Blick auf die Dünen
Sandspiel als kleiner Junge mit einem Mädchen	22	goldblonde Härchen auf dem Arm von Karin
Erinnerung an erste Liebe Sarah, nächtliches Erbrechen und Durchfall/peinliches Erlebnis → Flucht	32/33	Geruch von Bohnerwachs
Alleinflüge nach Florenz als Kind (wird bevorzugt behandelt, durchschaut das Spiel)	51/52	Atmosphäre am Flughafen Hamburg
Streit wg. Wim Wenders in Berlin	62	Erinnerung an Alexander
Alexanders Reisen und Interessen	67–70	Erinnerung an Differenzen mit Alexander
Alexanders Beziehung mit Varna	71–74	siehe oben
desaströs verlaufender Besuch bei der Familie seines Jugendfreundes Henning Hansen	76–78	Erbrechen im Hotel in Frankfurt
Urlaub in Madeira als Kind; mangelnde Zuwendung durch den Vater	88–90	Geruch der Seife, Einsamkeit
Zwei-Stunden-Aufenthalt auf Mykonos, Konfrontation mit homosexueller Lebensart → panikartige Flucht, Peinlichkeitsgefühle	132–137	Begegnung mit schwulen Kellnern auf Rollos Party
Autofahrt durch die Schweiz mit dem Vater/Langeweile	151	Beobachtungen in den Straßen von Zürich

In den Erinnerungen werden die Dinge, Handlungen, Personen recht detailliert beschrieben und es fällt auf, dass dabei sinnlichen Wahrnehmungen, vor allem Gerüchen, eine auslösende

Funktion zukommt. Der Erzähler scheint dafür besonders sensibel zu sein und Gerüche genau zu sortieren: Während der Fahrt nach Meersburg dringt durch die geöffneten Fenster der Duft von frisch gemahlenem Kaffee und dieser gehört nach seiner Aussage nicht zu seinen „Erinnerungsgerüchen“ (S. 121), da in seiner Familie Kaffee nicht getrunken wurde.

Viele **Erinnerungspassagen** vergegenwärtigen Peinlichkeitsgefühle, Ekel, kreisen um Kotzen oder Fäkalien. Aber auch Einsamkeit, Verlassenheits- und Fremdheitsgefühle kehren immer wieder. Auf irritierende Gefühle reagiert der Protagonist mit Fluchtbewegungen.

Assoziationen zu den einzelnen Themen	**Seite/n**	**ausgelöst durch**
Verbleib der Exkremente bei Bahnfahrten	27/28	Toilettenbenutzung, Thema: Ekel
Parallelen in Filmen von Riefenstahl und Wim Wenders	60/61	Landeanflug in Frankfurt

Visionen und Fantasien	**Seite/n**	**Ausgangspunkt**
Fantasien über den Lebensstil der Banknachbarin im Flugzeug	55–63	genaue Beobachtung des Äußeren der Dame
Fantasien über ein Leben mit der Schauspielerin Isabella Rossellini	56/57	Vision eines anderen Lebens/ Verwirrung
unklare Zukunft, Bedrohungsszenarium	106	Zusammenbruch – Unsicherheit
Wiederaufnahme der Fantasie eines Lebens mit Isabella Rossellini	152	Auseinandersetzung mit seinem Deutschlandbild

Viele Passagen, die den linearen Erzählfluss unterbrechen, sind nicht klar von der Haupthandlung abgegrenzt. Bei den Rückblenden wird zwar in der Regel ein Tempus der Vergangenheit verwendet, aber gelegentlich springt der Erzähler ins Präsens, um Lebendigkeit zu erreichen, und benutzt spannungserzeugende Adverbien, z. B. in der Mykonos-Passage:

> *Da kam dann ein Schild, auf dem Coco Beach Club stand, und dann erschien, leicht erhöht, auf einem Vorsprung über dem Strand eine runde Bar [. . .]. Ich habe fast angefangen loszuprusten, sehe mich um, und plötzlich wird mir klar, daß ich mitten in einer Runde von ganz, ganz harten Schwuletten gelandet bin.* (S. 135)

In vielen Fällen wird auch Haupthandlung und Rückblende oder Assoziation **analog zu filmischen Techniken** montiert, sodass der Leser die Parallelität und Vernetzung der Stränge deutlich wahrnimmt:

> *Und während ich so da sitze und das Gesicht der Frau von der Seite ansehe und überlege, wie die alte Frau wohl riechen mag, weil sie sicher nicht schlecht riecht, nicht wie viele alte Menschen, die keine Lust mehr haben, sich zu waschen, weil ihnen die Lust am Waschen, das sich Saubermachen für irgend jemand und besonders für sich selbst irgendwann mal vergangen ist, da muß ich plötzlich an Isabella Rossellini denken, und wie jedesmal, wenn ich an Isabella denke, läuft mir so ein kleiner Schauer den Rücken herunter. Isabella Rossellini ist die schönste Frau der Welt.* (S. 56)

Eine versteckte **Vorausdeutung** findet sich gegen Ende des Romans. Grundsätzlich ein Merkmal auktorialen Erzählens, basieren Vorausdeutungen darauf, dass der Zeitpunkt, von dem aus erzählt wird, hinter den Ereignissen liegt. Indem der Erzähler als Ahnung formuliert, dass etwas Bedrohliches naht („so eine halbwache Vorahnung von, na ja, etwas Kommendem, etwas Dunklem", S. 127), spielt er mit diesem kompositorischen Mittel: Es lässt sich zwar eine Verbindungslinie zu Rollos Tod ziehen, aber letztlich bleiben die Bezüge uneindeutig.

3 Besonderheiten der Erzählperspektive

Die Erzählweise im Roman gleicht einem **Gedankenstrom**, der ununterbrochen auf sehr verschiedenen Ebenen abläuft. Das Erzähler-Ich nimmt Banales wie Bedeutsames nebeneinander wahr, springt von der akribischen Beschreibung der Farbe eines Jogging-Anzugs zur Reflexion über die letzten Dinge, um auch diesen Anflug von Ernsthaftigkeit wieder zu brechen mit einer ironisierenden oder relativierenden, nachgetragenen Bemerkung (vgl. S. 106). Diese **konsequente Figurenperspektive**, die selten nur die Sichtweise eines anderen in den Wahrnehmungsraum des Protagonisten dringen lässt, schafft um diesen eine **Aura der Abgetrenntheit und Isolation**.

Der Ich-Erzähler ist Teil der fiktiven, ausgedachten Welt. Da er nur die Außensicht auf die anderen Figuren hat und einen rein subjektiven Zugang zur Welt, die ihn umgibt, ist sein Wissen automatisch begrenzt.

Im Zentrum des Romans steht nicht das Geschehen selbst, sondern das **Bewusstsein des Erzählers**, in das Teile der Realität eindringen, zugelassen werden, beschrieben, kommentiert, aber vor allem selektiert und fragmentiert. Damit findet ein Prozess der Komposition statt, eine Fiktionalisierung im klassischen Sinne. Auf der anderen Seite wird mit erzähltechnischen Verfahren ein unmittelbarer Bezug zur Realität hergestellt. So kann man sagen: Während der Erzähler bezogen auf die Authentizität des Geschehens **unzuverlässig und höchst subjektiv** berichtet, wird mit der Nennung vieler Markennamen und Labels, realer Produkte, konkreter Musik- und Filmtitel, der Integration existierender Personen in die Handlung etc. wiederum ein erkennbarer **Wirklichkeitsbezug** und damit Authentizität hergestellt. Mit diesen Namen wird ein bestimmtes Milieu, ein gewisser Lifestyle sehr viel präziser vor dem inneren Auge des Lesers entfaltet, als es ein noch so großer und ausmalender Formulierungsaufwand erreichen könnte. Voraussetzung bleibt, dass der Leser diese Begriffe kennt, Atmosphäre und Milieu mit eigenen Bildern und Erfahrungen zum Leben erwecken kann.

Zur authentischen Wirkung der Erzählweise trägt ebenfalls die scheinbar direkte Ansprache des Lesers bei. Der Ich-Erzähler wendet sich in einem alltäglichen, lockeren Plauderton an den fiktiven Zuhörer („Das erkläre ich später, was ich damit meine.", S. 14; „Was ich eben meinte mit den Briefen, die ich nicht verstanden habe, muß ich noch mal erklären.", S. 68).

Verhältnis von Autor und Erzähler in der epischen Literatur

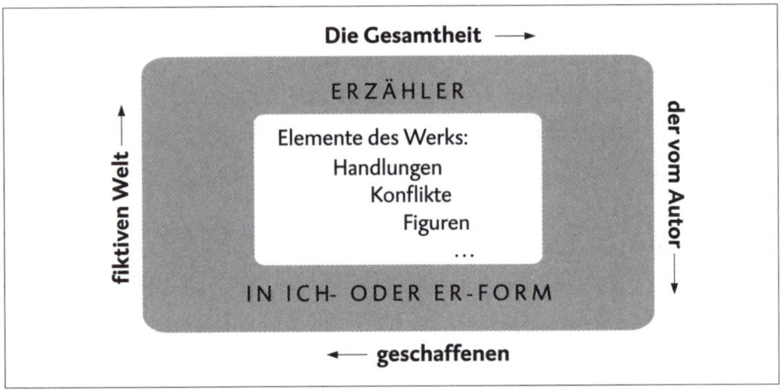

Wenn auch die Leserlenkung durch den subjektiven Ich-Erzähler und die authentische Wirkung dazu verführen mögen, Autor und Erzähler in eins zu setzen, so ist doch die prinzipielle Trennung der beiden Instanzen strengstens zu beachten. Der Erzähler, in welcher Erzählform und welcher Perspektivität er auch agiert, ist immer Teil der Fiktion und damit Teil der Imagination des Autors. Mit der Entscheidung für eine bestimmte **Erzählerrolle** legt der Autor vor allem fest, welchen Zugang der Leser zu der fiktiven Welt finden kann; mit einem Ich-Erzähler z. B. zielt er auf ein **identifizierendes Lesen**, der Erzähler mit einem olympischen Standpunkt, der dem Leser kommentierend und vorausdeutend Einblicke in sein souveränes Wissen gibt, hält den Leser auf Distanz zu dem Dargestellten.

Über diese literaturwissenschaftlich gebotene Differenzierung hinaus hat Christian Kracht sich eindeutig zu der Frage geäußert, ob alle Elemente des Romans frei erfunden seien: „Absolut alles, bis auf die Party im zweiten Kapitel.“ [1]

Es lässt sich auch aus dem Werk heraus belegen, dass der Ich-Erzähler nicht mit dem Autor gleichzusetzen ist. So ist ein Unterschied in Bildung und Wissen zwischen dem Erzähler-Ich und dem studierten Kulturwissenschaftler Kracht festzustellen, wenn der Protagonist aus der Erinnerung heraus das Gesicht seinen Freundes Alexander in folgender Weise zu beschreiben sucht: „Es ist ein längliches Gesicht mit einer großen Nase, und irgendwie sieht er mittelalterlich aus, wie auf einem Bild von Walther von der Vogelweide oder Bernard von Clairvaux. Das sind beides mittelalterliche Maler, das weiß ich.“ (S. 67) In beiden Fällen ist die Zuordnung falsch und beide Männer sind kulturhistorisch gebildeten Lesern als Minnesänger bzw. Abt bekannt.

Gleiches gilt für die nur vage Einordnung der Zeitschrift der Zeugen Jehovas „Der Wachtturm“ als „ein Heft über irgend etwas Christliches“ (S. 92). Die Unsicherheit des Erzählers dokumentiert sich auch in folgender Textstelle: „dann reden die beiden von so Menschen wie Gilles Deleuze und Christian Metz, das sind, glaube ich, Filmkritiker“ (S. 39). Mit diesen unpräzisen Formulierungen verfolgt der Autor eine Erzählstrategie: Er zeigt einen charakteristischen Verhaltensaspekt seiner fiktiven Figur, die mit Halbwissen jongliert, um irgendwie dazuzugehören und vor sich und anderen ihr Gesicht zu wahren.

Mit dem Auftritt von wirklich existierenden Personen, dem Filmemacher Wim Wenders oder dem Trendforscher und Publizisten Matthias Horx, bricht der Autor mit der bis in die Moderne geltenden Regel, dass epische Literatur eine geschlossene fiktive Welt sein muss. Falls real existierende Menschen vorkommen, sollten sie mit anderem Namen versehen und auch in Teilaspekten verfremdet gestaltet werden. Das **Verschwimmen der Grenzen von Fiktion und Realität** ist Teil der Erzähltechnik bei Christian Kracht.[2]

Auf einen anderen Aspekt verweist der Germanist Dirk Frank. Nach seiner Ansicht wird eine identifikatorische Lesart, die Erzähler und Autor in eins setzt, „der Anlage des Romans nicht gerecht." Er diagnostiziert in der Gestaltung des Protagonisten deutliche „Brüche seiner elitären Lebensform". Die Elemente der uneingestandenen Langeweile und des Überdrusses, aber auch die lächerliche Halbbildung des Protagonisten und das nicht sonderlich exklusive Image der sportlichen Barbourjacke führt er als Beispiele für die Widersprüche zwischen Anspruch und Wirklichkeit in der Gestaltung der Erzählerfigur an. Diese **Widersprüchlichkeit** sei wesentlich für die Konzeption der Figur und könne nicht schlankweg dem Autor selbst unterstellt werden.[3]

Die Lebensweise des Ich-Erzählers zwischen Überdruss und Langeweile wird durch die Darstellungsweise als substanzlos bloßgestellt.

4 Sprache und Stil

Christian Kracht gibt seinem Ich-Erzähler eine Sprache, die sich deutlich *nicht* um einen differenzierten, ästhetisch hohen Stil bemüht. Ihm deswegen einen Mangel an Können zu unterstellen, würde jedoch seine Wirkungsabsichten in eklatanter Weise verkennen. Doch genau dies ist bei einem Teil der ersten Rezensionen geschehen. Sein Schriftstellerkollege Matthias Politycki (geb. 1955) z. B. sieht in Kracht einen jener jungen Kollegen, „die sich, begnadet durch eine noch spätere Geburt, um überhaupt nichts mehr scheren, am allerwenigsten um die Frage, was ein vollgeschwalltes Stück Papier von einem literarischen Text unterscheidet.“[4]

Vielleicht hat er dabei an Passagen wie die folgende gedacht: „Jetzt erzählt sie von Gaultier und daß der nichts mehr auf die Reihe kriegt, designmäßig, und daß sie Christian Lacroix viel besser findet, weil der so unglaubliche Farben verwendet oder so ähnlich. Ich hör nicht genau zu.“ (S. 14)

Dies ist ein Erzählen, das unverdichtet bleibt, in einem **Plauderstil** daherkommt und die **real gesprochene Alltags- und Jugendsprache** in ihrer Leichtigkeit und Schnoddrigkeit abbildet. Eine solche sprachliche Gestaltung soll **authentisch** wirken. Man spricht in diesem Zusammenhang von einer „**konzeptionellen Mündlichkeit**“ oder auch von einer „literarisierten Mündlichkeit“[5]. Ein solcher Erzählstil wird in besonderer Weise der Intention der Popliteraten gerecht, unmittelbar die eigenen Wirklichkeitserfahrungen literarisch zu gestalten. Die konzeptionelle Mündlichkeit steht immer für eine **Nähe** der Kommunizierenden, demgegenüber ist die konzeptionelle Schriftlichkeit vor allem durch **Distanz** zwischen Sender und Empfänger geprägt – sei es im realen Geschäftsleben, sei es im Akt des literarischen Lesens. Das Verfahren der Verschriftlichung des Mündlichen ist mitunter schwierig, da viele bedeutungsrelevante Ebenen des

Sprechens (Tempo, Sprechrhythmus, Stimmhöhe, Intonation etc.) nicht abgebildet werden können. Bei der schriftlichen Darstellung redesprachlicher Elemente stehen folglich **Simulation und Imitation von Mündlichkeit** im Vordergrund.

Eine genaue Analyse des Romans soll im Folgenden belegen, dass die scheinbare „naive Unbedarftheit und linkische Umständlichkeit" den Blick verstellen „auf die enorme Kunstfertigkeit, mit der diese Sprache gebaut ist." [6]

Gleich zu Beginn fällt die Langatmigkeit der Sätze auf, wobei ein parataktischer Satzbau dominiert. Der erste Absatz enthält zwar auch hypotaktische Strukturen, doch wirken die Sätze, als ob der Verfasser ohne Überlegung drauflosgeschrieben und inhaltliche Zusätze und Erläuterungen einfach nachgeschoben hätte:

> *Also, es fängt damit an, daß ich bei Fisch-Gosch in List auf Sylt stehe und ein Jever aus der Flasche trinke. Fisch-Gosch, das ist eine Fischbude, die deswegen so berühmt ist, weil sie die nördlichste Fischbude Deutschlands ist. Am obersten Zipfel von Sylt steht sie, direkt am Meer, und man denkt, da käme jetzt eine Grenze, aber in Wirklichkeit ist da bloß eine Fischbude.* (S. 13)

Das in dem Beispiel erkennbare Moment der **Redundanz** ist ein charakteristisches Kennzeichen der Mündlichkeit und die Einleitung des ersten Satzes mit der Partikel „also" verstärkt diesen Eindruck. Verwandte Partikeln („eigentlich", „na ja", „irgendwie", „oder so", „wie gesagt") finden sich häufig. Kracht lässt seinen Protagonisten mitunter aus einer Unsicherheit heraus agieren: „... ich weiß jetzt nicht, ob ich mich da richtig ausgedrückt habe. Ich kann mich natürlich auch täuschen." (S. 15); „... na ja, vielleicht sollte man das nicht so ausdrücken, wenn man ihn beschreibt, aber ich sage das jetzt mal trotzdem ..." (S. 36); „Ich weiß gar nicht, wie ich da drauf gekommen bin, daß ich mit dem Zug gekommen sein soll. So ein Unsinn." (S. 108). Andererseits setzt er **Bestätigungsstrategien** ein, wie sie aus persönlichen Gesprächen bekannt sind („da spricht mich ein Mädchen an und sagt, ich erfinde nichts, das sagt sie jetzt wirklich: ...", S. 44; „Was ich eben meinte mit den Briefen, die ich nicht verstanden habe, muß ich noch mal erklären ...", S. 68; „Was ich sagen will, ist: Ich habe das ja verstanden ...", S. 69). **Kreativ** ist der Umgang mit Sprache bei einigen onomatopoetischen (lautmalerischen) Veranschaulichungen: „Klack Klack macht das" (S. 81); „Tsk Tsk Tsk, macht der" (S. 136). Und eine unmittelbare Intensität der Gefühle, meist negativer Art, drückt der Erzähler mit **Neologismen** aus („Wagner-Nazigewitter", S. 98; „Proletensolidaritäts-Gründen", S. 91; „Understatement-West-Mensch", S. 106), häufig aber auch in einem derben, drastischen **Vulgärstil**. Das Wort „Scheiße" findet sich z. B. in unterschiedlichen Zusammenhängen. Selbst die **gängige grammatikalische Unkorrektheit** in der Verknüpfung von Hauptsatz und kausalem Nebensatz ist repräsentiert: „Das finde ich ordentlich, daß er mir das sagt, weil dafür kann er ja nun wirklich nichts" (S. 87), ebenfalls die für die Mündlichkeit so wichtige **Ellipse:** „Bißchen zuviel Gold an den Fingern für meinen Geschmack" (S. 13) und der grammatikalische Regelbruch: „... wegen dem Wind" (S. 17).

Der Germanist Moritz Baßler ordnet die Sprache des Protagonisten als „**Rollenprosa**" ein: „Sylt ist eigentlich super schön" wäre so ein typischer Satz aus der Krachtschen Rollenprosa. Die redundanten Adverbien „eigentlich" (einschränkend) und „super" (verstärkend) machen aus dem simplen „Sylt ist schön" eine Formulierung, die den Sprecher und seine Verfassung ebenso charakterisiert wie die zweite Portion „Scampis mit Knoblauchsoße"[7]. Der Begriff „Rollenprosa" meint dabei, dass der Sprachstil dazu dient, die gestaltete Figur für den Leser plastisch werden zu lassen, wesentliche Elemente seines Denkens und Agierens in dessen Sprachduktus abzubilden.

Es finden sich in der Sprache des Protagonisten zudem Anklänge an **Jugend- und Szenesprache**. Dass nachwachsende Generationen sich in ihrer Sprechweise von der Standardsprache und damit der Welt der Erwachsenen abgrenzen, ist ein bekanntes Phänomen. Generell zeichnet sich Jugendsprache durch eine stärkere Farbigkeit im Vokabular aus; sie sucht den unmittelbaren und subjektiven emotionalen sprachlichen Ausdruck, zeigt eine Tendenz zu Verkürzungen und Regelbrüchen, andererseits aber auch zu permanenter Wiederholung fixierter, vorgeblich lässiger Formulierungen oder Redewendungen. Die Übergänge zur Umgangssprache sind dabei fließend.

Es ist also nicht die Sprache des Autors, sondern der vom Autor zur Charakterisierung des Ich-Erzählers eingesetzte Sprachstil, der viele Rezensenten zu kritischen Bewertungen der Erzählkunst von Christian Kracht bewogen hat. Der folgende Überblick systematisiert die sprachlichen Auffälligkeiten:

Anleihen bei der Jugend- und Szenesprache

monotone Wiederholungen; undifferenzierte Bewertungen	S. 17: ziemlich große Brüste S. 22: ganz schön betrunken S. 38: ziemlicher Faschist S. 51: blöde Kreditkarte
Übertreibungen	S. 30: unfaßbar verkommen S. 34: Milliarden von Büchern S. 41: wahnsinnig unecht S. 49: unfaßbar häßlich
Wortneuschöpfungen und kreative Wortspiele	S. 30: Regenbogen-Friedens-Nichtraucher-Ökologen-Sticker S. 37: Unterschichts-Verbrüderung S. 43: blöde Neon-Küche S. 53: SPD-Nazi
provokante Formulierungen; Fäkalsprache	S. 14: Kackwurst S. 25: Mösenbart S. 27: Scheiße S. 38: armes dummes Nazischwein

5 Roadnovel durch Fatherland/Faserland

Die Reise führt den Ich-Erzähler vom hohen Norden bis jenseits der deutsch-schweizerischen Grenze durch Deutschland. Er bewegt sich an vielen öffentlichen Orten (Bahnhöfen, Zügen, Flughäfen, Flugzeugen, Taxis, Straßen, Hotels, Bars, Konzertveranstaltungen), beobachtet Menschen und Gegebenheiten sehr genau und kommentiert diese manchmal mit ätzendem Spott.

Der Weg des Erzählers durch Deutschland

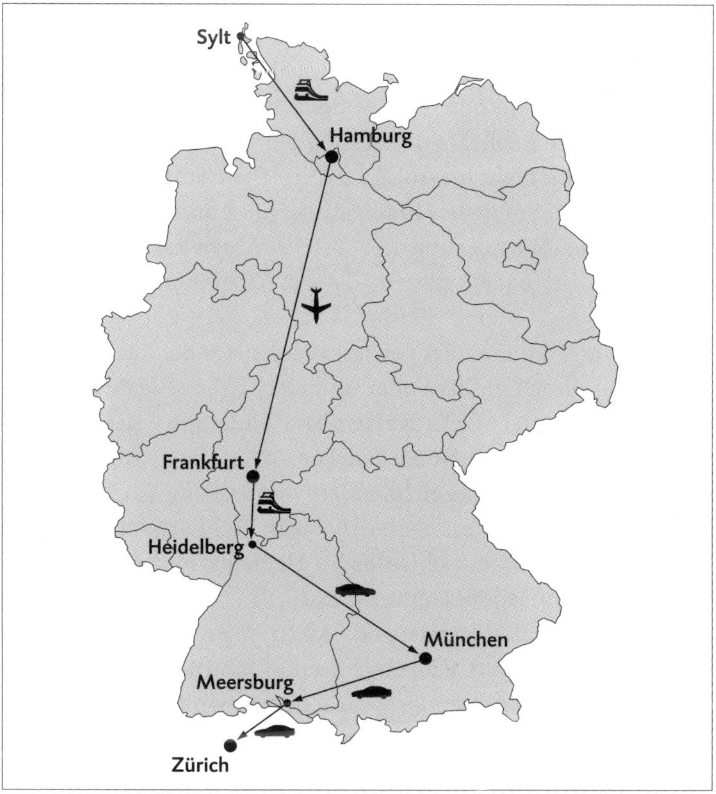

Die Reise als Suche nach sich selbst

Beständige Ortswechsel scheinen sein Leben auch schon vorher geprägt zu haben, jedenfalls beziehen sich seine Erinnerungen – auch die Kindheitserinnerungen – vielfach auf Reisesituationen. Mit dieser Betonung der beständigen Mobilität spiegelt der Autor zwar ein wesentliches Kennzeichen der modernen Welt, zugleich jedoch stellt das Bild eines Lebens **„on the road“** ein **literarisches Motiv** dar.

Im Film wie in der Literatur ist dieses Motiv häufig vertreten und es steht immer für die **Suche** nach einem unbestimmten Ziel. Die Protagonisten sind entweder auf der Flucht vor Bedrängendem und/oder auf der Suche nach sich selbst, glauben, in dem bekannten Umfeld keine Lösungen finden zu können, und hoffen auf das Fremde, das Andere, das ihnen Erlösung und Klarheit bringen soll. Da die Lösung der Probleme oder die Ichfindung jedoch nicht im Außen zu erreichen sind und das Fremde in Zeiten der globalen Industrialisierung und der weltweiten touristischen Normierung der Erfahrungswelten kaum noch vorhanden ist, enden die Roadstorys/Roadmovies häufig im **Scheitern** und/ oder im Exitus.

So ist auch der Erzähler gewissermaßen aus der Welt gefallen, zumindest ohne familiäre oder freundschaftliche feste Bindung, und er begibt sich auf eine **Reise ohne Ziel**. Eine Reise im engeren Sinne des Wortes ist es allerdings nicht. Die einzelnen Stationen ergeben sich bezeichnenderweise zufällig (so besteigt er den Zug in Frankfurt mit dem beliebigen Ziel Karlsruhe, beendet die Fahrt aber kurzentschlossen in Heidelberg; nach München gelangt er ohne eigenes Zutun), fast kann man sagen: Er „taumelt“ quer durch Deutschland, wenn man seine körperliche Verfassung einbezieht. Zu keiner Station führt ihn ein bewusster Entschluss, genau diesen Ort aufsuchen zu wollen, vielmehr ergeben sich die Ziele aus einer flüchtenden Bewegung, die ihn vorantreibt. Er vermag keine Gründe zu nennen, warum er sich in eine bestimmte Stadt begibt, aber es handelt sich immer um eine deutliche Flucht, wenn er einen Ort verlässt.

Dennoch bleibt nicht zu übersehen, dass die Route nicht irgendein Gebiet, sondern Deutschland von Norden nach Süden durchmisst, was Rückschlüsse auf den Titel des Romans zulässt.

Interpretation des Romantitels

Der **Titel „Faserland"** wirft in seinem rätselhaften Charakter Fragen auf. Die Uneindeutigkeit ist sicherlich gewollt und so kann man nur in Annäherungen und unter Rückgriff auf semantische Analysen herausarbeiten, welche Bedeutungsebenen darin enthalten sind.

Es läge, wenn man das „s" als ein gelispeltes „th" versteht, in der Tat ein Hinweis darauf vor, dass der Protagonist das **Land seines Vaters/seiner Väter** durchstreift und sich mit dessen Geschichte beschäftigt.[8] Vordergründig thematisiert der Erzähler nicht eine Auseinandersetzung mit seinem realen Vater oder gar Großvater. Aber er geht beständig Spuren nach, die auf die eigene oder auch die nationale Geschichte verweisen. Seine in vielen Splittern eingebundenen Kindheitserinnerungen sind das eine, die Reflexionen darüber, was das Deutschsein für ihn ausmacht, das andere.

Ein anderer Kontext des Titels eröffnet sich, wenn man die Komposita näher untersucht und der Bedeutung des Wortes „**Faser**" nachgeht – zumal ja bereits der Begriff „Text" in seiner Ableitung von „Textur" auf den Bedeutungszusammenhang mit „**Gewebe**" verweist. Gemeinhin versteht man unter einer Faser ein sehr dünnes, langes, flexibles Gebilde aus Natur- oder Chemiestoffen, das zu einem Gewebe verarbeitet werden kann und eine identifizierbare Oberflächenstruktur zeigt. Insofern könnte der Titel andeuten, dass nur eine **Oberflächenstruktur**, gleichsam ein Gewebe, beschreibend gezeigt werden soll und alles tiefer Liegende verdeckt bleibt. Erweitert man die semantische Analyse und bezieht das verwandte Wort „zerfasern" ein, so ergeben sich noch weitere Bedeutungsvarianten: ein in seinen Umrissen undeutlich gewordenes Land oder ein undeutliches Reden über das Land?[9]

Die Klärung der aufgeworfenen Fragen erfordert eine genaue Betrachtung des Werks. Eine explizite Bezugnahme auf Deutschland findet sich an mehreren Stellen des Romans und einige sollen im Folgenden untersucht werden.

Die Reise als Auseinandersetzung mit Deutschland?

Der Erzähler versteht sich als Deutscher[10] und bewegt sich auch in der Schweiz, seiner letzten Station, erkennbar als solcher. **Zu Deutschland** scheint der Erzähler in einer **ambivalenten Beziehung** zu stehen. Die Fahrten durch die Städte, die Aufenthalte an Flughäfen und in modernen Zügen begleitet er mit kritischen, teilweise bissigen und sarkastischen Kommentaren. Über Frankfurt sagt er, „daß keine Stadt in Deutschland häßlicher und abstoßender ist [...], nicht mal Salzgitter oder Herne." (S. 66) Und über den internationalen Flughafen Frankfurt, der als Aushängeschild dieses Landes gilt, liest man:

> *Es wird einem einiges vorgegaukelt auf diesem Flughafen, so eine große Welt, die im Innersten von Mannesmann und Brown Boveri und Siemens zusammengehalten wird, weil ja überall diese hintergrundbeleuchteten Reklameschilder hängen, die die ankommenden Geschäftsleute darauf hinweisen sollen, was für ein großartiger Industriestandort Deutschland ist.* (S. 65)

Aus dem Taxi heraus sieht er Hochhäuser und den Messeturm an sich vorbeirauschen, „wo ja niemand drinnen ist, weil niemand die Mieten bezahlen kann" (S. 70). Diese Aussagen werden jedoch übergangslos verknüpft mit ganz anders gelagerten Beschreibungen. So setzt er die zitierte Passage über Frankfurt fort mit dem lakonischen Schwenk: „und ich sehe alles und muß an Alexander denken, wie er auf dem Deck dieser Yacht steht, den Joint in der Hand, lässig angewinkelt." (S. 70) Zu einer expliziten politischen Kritik, einer erkennbaren „Message", wird die Darstellung nicht vorangetrieben.

Andere kritische Passagen ragen ebenfalls aus dem Wortschwall über Lebensstile, Trinkgewohnheiten etc. heraus, nehmen aber dezidiert die **nationalsozialistische Vergangenheit** Deutschlands in den Blick. Mit seinen Anmerkungen zu kulturellen und sprachlichen Besonderheiten bewegt sich der Erzähler noch eher an der Oberfläche:

> *In Deutschland gibt es eine Art Abkürzungswahn, der von den Nazis erfunden worden ist. Gestapo und Schupo und Kripo, das ist ja klar, was das heißt. Aber es gab auch zum Beispiel die Hafraba, und das wissen, glaube ich, nur wenige, das heißt Hamburg-Frankfurt-Basel, und das war die Abkürzung für die Hitler-Autobahn. Ja, und Hanuta heißt natürlich, das glaubt man gar nicht: Haselnußtafel.* (S. 35)

Deutlich wird er dagegen in seinen Reflexionen zur Schönheit der Neckarauen in Heidelberg:

> *Das ist nun Heidelberg, und es ist wirklich schön dort im Frühling. Dann sind die Bäume schon grün, während überall sonst in Deutschland noch alles häßlich und grau ist, und die Menschen sitzen in der Sonne an den Neckerauen. Das heißt tatsächlich so, das muß man sich erst mal vorstellen, nein, besser noch, man sagt das ganz laut: Neckarauen. Neckarauen. Das macht einen ganz kirre im Kopf, das Wort. So könnte Deutschland sein, wenn es keinen Krieg gegeben hätte und wenn die Juden nicht vergast worden wären. Dann wäre Deutschland so wie das Wort Neckarauen.* (S. 85)

Die sonnenerwärmte Frühlingslandschaft und die anheimelnden Uferwiesen des Neckar werden von ihm positiv wahrgenommen, er genießt die „süddeutsche Luft" (S. 85), „[d]as Taxi gleitet durch die Straßen, ganz anders als Taxis sonst" (S. 86), und auch der Taxifahrer, dessen „verfilzte Haare nach Haschisch riechen“ (S. 86), kann seinem Hochgefühl nichts anhaben, „diesem unglaublichen Gefühl, das Herz Deutschlands zu durchgleiten“ (S. 86). Allerdings dämpft das Wissen um die Nazi-Verbrechen sein Wohlgefühl und lässt es in sich zusammenfallen. Aber eine mögliche Form der Verknüpfung der **disparaten Aussagen** wird nicht angedeutet oder gar reflektiert, diese bleiben eingestreut in beliebige andere Beobachtungen, der Erzähler gibt dem Leser keine Hilfestellung bei dessen Suche nach Bedeutung.

Die Menschen in diesem Deutschland, vor allem die älteren, die – so lässt sich vermuten – den Krieg noch aktiv getragen haben, diese Menschen zeichnet er pauschalisierend negativ:

> *Ab einem bestimmten Alter sehen alle Deutschen aus wie komplette Nazis. [...] Da muß man nur in bestimmte Orte fahren, wo sehr viele Rentner sind, dann kann man das sehen. [...] Dann stehen sie da, die Rentner, vor der Kurmuschel, und man sieht sie meistens nur von hinten, die Hände auf dem Rücken verschränkt, und sie wippen auf und ab auf ihren Fußballen, und sie haben alle überdimensionale Nasen und Ohren [...]. Und diese Rentner waren alle mal früher blond, das schwöre ich. [...] Diese Welt-am-Sonntag-Leser in ihren Gabardinehosen mit der immerwährenden Bügelfalte, den in matten Farben gehaltenen Blousons [...].* (S. 93 f.)

Mischt sich in dieser Passage noch das Bild des blonden, im Takt auf den Zehen wippenden Faschisten mit demjenigen des ergrauten Spießers, so wird der Erzähler in der Beschreibung eines ihm unbekannten Taxifahrers ganz direkt:

> *Dabei sieht man es ihm im Gesicht an, daß er einmal KZ-Aufseher gewesen ist oder so ein Frontschwein, der die Kameraden vors Kriegsgericht gebracht hat, wenn sie abends über den blöden Hitler Witze gemacht haben, oder daß er irgendein Beamter war, in einer hölzernen Schreibstube in Mährisch-Ostrau, der durch seine Unterschrift an einem Frühjahrsmorgen siebzehn Partisanen, ihre Frauen und ihre Kinder liquidieren ließ.* (S. 94)

Solche Unterstellungen treffen mehrmals Personen, mit denen er nur flüchtig in Kontakt kommt, sodass von einer **pauschalisierenden und kollektiven Schuldzuweisung** gegenüber älteren Menschen gesprochen werden kann.

Einen gewissen Druck, so etwas wie ein Leiden an dem historischen Versagen des deutschen Volkes, an den Zerstörungen in den Städten wie in den Seelen der Menschen, scheint jedoch der Erzähler selbst zu empfinden. Jedenfalls lassen sich seine Gefühle und Gedanken so deuten, die er jenseits der deutschen Grenze, in der Schweiz, äußert.

Die Schweiz als Gegenbild und Alternative

Ansicht von Zürich. Die Schweiz wird vom Erzähler als besseres Deutschland verklärt.

Dass die **Schweiz** ohne kriegerische Zerstörung geblieben ist, nimmt er sofort als beruhigend wahr. Er schlendert durch Zürich und bemerkt erfreut, „daß hier nichts plattgebombt worden ist und vielleicht auch, daß hier die Trambahnen auf Asphalt fahren, der nicht aufgerissen worden ist im Krieg, sondern die Füße der Menschen seit Jahrzehnten trägt" (S. 147). Er, der rastlos Reisende, verbringt zum ersten Mal zwei Tage am gleichen

Ort (vgl. S. 147) und auch Drogen konsumiert er kaum noch. Selbst das Rauchen erscheint ihm frevelhaft in dieser sauberen Stadt („[...] irgendwie paßt es nicht so richtig, hier zu rauchen", S. 148). Die Schweiz wird überwiegend „im Komparativ beschrieben"[11], und sogar die Pornoläden findet er in der Schweiz erträglicher: „Oben sind Inschriften von 1561 in die Hauswände eingelassen, und unten sind Pornokinos. In Deutschland wäre das alles viel schlimmer. Hier in der Schweiz macht es nicht so viel aus" (S. 151). Er gewinnt Abstand zu Deutschland und schaut mit einem scheinbar distanzierten Blick auf sein Vaterland:

> *Es ist so, als habe sich das ganze riesengroße Land einfach verflüchtigt, und obwohl die Menschen hier auch noch Deutsch sprechen und auf den Schildern überall deutsche Sätze stehen, scheint es mir so, als ob Deutschland nur noch eine Ahnung wäre, eine große Maschine jenseits der Grenze, eine Maschine, die sich bewegt und Dinge herstellt, die von niemandem beachtet werden* (S. 149).

War die kleine, saubere **Schweiz** zu Beginn noch ein **Gegenbild zur großen Deutschland-Maschine**, so wird sie unter der Hand zu einem Teil Deutschlands, seinem besseren Teil, erklärt:

> *Ich denke daran, daß die Schweiz so ein großes Nivellier-Land ist, ein Teil Deutschlands, in dem alles nicht so schlimm ist. Vielleicht sollte ich hier wohnen, denke ich. [...] Vielleicht ist die Schweiz ja eine Lösung für alles* (S. 151).

Welche Dimensionen dabei dem Wort „alles" zukommen, bleibt der Deutung des Lesers überlassen. Auffallend ist, dass der Protagonist in dieser Gestimmtheit auf seinen Tagtraum zurückgreift, in dem eine fantasierte familiäre Idylle mit Isabella Rossellini Glücksmomente verheißt. Nun verknüpft der Erzähler diese Wunschvorstellung mit den Schweizer Impressionen, sieht sich mit „ihr und den Kindern" (S. 152) in einer Berghütte an einem Bergsee wohnen, der von Schneewasser gespeist wird. In dieser klischeehaften Idylle will er dann seinen Kindern von dem „großen Land im Norden [erzählen], von der großen Maschine, die sich selbst baut, da unten im Flachland“ (S. 152 f.). Er will ihnen erzählen von den Anstrengungen der Auserwählten, von den „sauber ausrasierten Nacken“ der Nazis, von den „Selektierern an der Rampe“, auch von „den Autonomen, mit ihren Volxküchen“ und den „Männern, die nach Thailand fliegen“ (S. 153), um schließlich mit der Vision zu enden, dass alles, alles in dieser Hütte auf den Schweizer Bergen überwunden werden könnte:

> *Vielleicht bräuchte ich das alles nicht zu erzählen, weil es die große Maschine ja nicht mehr geben würde. Sie wäre unwichtig, und da ich sie nicht mehr beachte, würde es sie nicht mehr geben, und die Kinder würden nie wissen, daß es Deutschland jemals gegeben hat, und sie wären frei, auf ihre Art.* (S. 153 f.)

Diese Passage ist insofern besonders, als der Erzähler zum einen über die phänomenologisch ansetzende Auflistung hinaus nicht deutlich macht, was genau für ihn so bedrohlich ist, dass eine Freiheit nur erreicht werden kann, wenn dieses Deutschland einfach nicht mehr existiert – wenn auch nicht real, so doch in der Wahrnehmung und Wertigkeit. Zum anderen ist die Drehung ins Irreale – die Nicht-Existenz wird zu einer direkten Folge der Nicht-Beachtung erklärt – ein Zeichen großer Hilflosigkeit. Es bleibt insgesamt das Bild eines **Leidens an Deutschland**, das nur in Teilen konkret artikuliert und mehr im Vagen und Ungefähren beschrieben wird.

Mit der letzten Wendung, der Zeichnung einer Schweizer Idylle als Gegenbild zu Deutschland, bewegt sich Christian Kracht innerhalb einer langen Tradition. Der „Philhelvetismus“[12] beginnt schon mit Grimmelshausen im 17. Jahrhundert und findet sich auch in *Faserland* wieder:

> *Im helvetischen Traum des Faserland-Erzählers sind nicht nur die vier „fixe[n] Elemente“ wieder versammelt, aus denen sich der Philhelvetismus schon im 18. Jahrhundert speist – „das*

> *Naturerhabene, das Patriarchalische, die ländliche Idylle und die bürgerliche Freiheit" –, hier kehrt auch der spezifisch deutsche Blick auf die Schweiz als „Refugium" wieder, das sich der eigenen Lebenswelt entgegenstellen ließ und somit als Spiegelungsraum eigener Wünsche und Hoffnungen dienen konnte.*[13]

Die obigen Ausführungen konnten die These, der rätselhafte Romantitel verweise – zumindest auch – auf eine **Auseinandersetzung mit dem „Vaterland"**, mit einem hohen Grad an Plausibilität erhärten.

Die zweite Deutungshypothese, dass nämlich in diesem Roman nur die Oberfläche des Geschehens gestaltet oder gar nur Unzusammenhängendes „gefaselt" werde, lässt sich erst nach eingehender Analyse aller Aspekte abschließend bewerten.

6 „Faserland" als Adoleszenzroman

Die Romane der Popliteraten in den 1990er-Jahren thematisieren die Lebenswelten junger Erwachsener in einem doppelten Sinn: Zum einen sind die Schriftsteller selbst jung, selten älter als 30 Jahre, einzelne Vertreter (z. B. Benjamin Lebert) sogar jünger als 20 Jahre. Zum anderen stehen im Fokus der Werke die Suchbewegungen junger Menschen, die sich in einem Schwebezustand zwischen den Polen „noch nicht erwachsen" und „nicht mehr Kind" befinden.

Die Thematisierung der **Adoleszenz**, d. h. die literarische Gestaltung des mitunter schwierigen Wegs zu einer eigenen Identität in der Phase der Pubertät und des Hinübergleitens ins Erwachsenenleben, ist nicht neu, schon Goethe *(Die Leiden des jungen Werther)*, Hermann Hesse *(Unterm Rad)* und Musil *(Die Verwirrungen des Zöglings Törleß)* haben dazu bedeutende Romane verfasst.

Auch in *Faserland* stellt das **Motiv der Reise** sozusagen eine Großmetapher dar und gibt das Bild des Suchens vor. Der Protagonist bewegt sich jedoch nicht auf einer ruhigen Bahn, sondern gehetzt, von einem Ort zum anderen flüchtend, vor allem ohne Ziel durch sein „Fa[th]erland". Er ist emotional unausgeglichen, von widerstreitenden Gefühlen und heftigen Impulsen bestimmt. Immer wieder zeigt er ein snobistisches, dünkelhaftes Verhalten, wenn er z. B. einem schweigsamen Taxifahrer unterstellt, „sauer" zu sein, da „wir beide gleich alt sind und ich ein Jackett von Davies & sons trage und er auf Demos geht" (S. 30). Kurz: Das Erzähler-Ich ist beileibe **keine positive Identifikationsfigur**, die ihre Jugendzeit genießt und sich amüsiert.

Hinter seinen Hasstiraden gegen Ökos, SPD-Spießer-Nazis, Gutmenschen, Hippies usw. wie auch hinter seinem Snobismus verbergen sich Unsicherheiten, die charakteristisch für die Phase der Adoleszenz sind.

Adoleszenz (lat. *adolescere* = heranwachsen)

Übergangsstadium zwischen Kindheit und vollem Erwachsensein. Die Zeitspanne meint die Phase, in der ein körperlich voll entwickelter junger Mensch noch nicht die soziale und emotionale Reife erworben hat, die nötig ist, um in einer hochzivilisierten und komplexen Gesellschaft eigenverantwortlich zu handeln.
Die Adoleszenz folgt der eigentlichen Pubertät (Prozess der Geschlechtsreife) und wird in den verschiedenen Kulturen unterschiedlich angesetzt. In Deutschland versteht man unter Adoleszenzphase in etwa das Lebensalter zwischen 16 und 24 Jahren. Im Jugendrecht wird die besondere strafrechtliche Situation allerdings nur für den Zeitraum bis zum Alter von 21 Jahren definiert.
Die Weltgesundheitsorganisation (WHO) setzt für diese Periode die Zeit zwischen dem 10. und 20. Lebensjahr an.

In dieser spannungsreichen Zeit sehen Psychologen eine verstärkte **Neigung zu Drogen- und Alkoholmissbrauch**, auch zu Essstörungen und Depressivität. Die Zugehörigkeit zu oder auch scharfe Ablehnung von bestimmten Gruppen, die genaue Beachtung bestimmter **Identifikationsmuster** (Art der Kleidung, Markenfetischismus, Bevorzugung bestimmter Getränke, Zigaretten etc.) und kultureller Rituale (Fan-Sein von bestimmten Musiktiteln, Bands, Filmen, Büchern etc.) dienen der Stabilisierung des noch fragilen und ungefestigten Selbstwertgefühls.

Auch die **Rebellion**, die bewusste Abgrenzung von den Auffassungen und Werten der Elterngeneration, ist kulturell ein fester Bestandteil adoleszenten Verhaltens. Die Verarbeitung der **ersten sexuellen und erotischen Erfahrungen** und das Ausprobieren der eigenen Vorstellungen in der Gestaltung von Partnerschaften – all dies gehört zu den bekannten Adoleszenzphänomenen. Der Psychoanalytiker Peter Blos sieht darin ein „erhöhtes Ich-Erlebnis“:

> *Dieses Adoleszenzphänomen kann in Bezug auf das Körper-Ich, das erlebende Ich und das Selbstbeobachtungs-Ich gesehen werden. In der Körpersphäre drückt es sich in Anspannung, Schmerz und exzessiver Beweglichkeit aus, im erlebenden Ich in überwältigender affektiver Belastung und ihrer explosiven Freigabe, im Selbstbeobachtungs-Ich in der scharfen Wahrnehmung des inneren Lebens.*[14]

Diese allgemein definierten Adoleszenzphänomene fanden unter den **soziokulturellen Bedingungen der 1990er-Jahre in Deutschland** eine ganz eigene Ausprägung. Die Jugend der „Generation Golf“ fand eine gesellschaftliche Situation vor, in der ihre Elterngeneration, die sogenannten 68er, in den wichtigen politisch-kulturellen Diskursen immer noch die Wortführer im kritischen Lager waren. Das betraf die Ökologie- und Anti-Atombewegung, aber auch die sozialen Bewegungen mit unterschiedlichen Zielsetzungen (Frieden, Frauen, Schwulen/Lesben etc.). Wenn die Jungen in den 90er-Jahren eine **Abgrenzung von ihrer Elterngeneration** vollziehen wollten, dann mussten sie der Protestkultur ihrer Eltern ein „Nein!“ entgegensetzen. Der Vorwurf der Angepasstheit, der Affirmation, der den Popliteraten entgegenschlug, müsse vor diesem Hintergrund infrage gestellt werden, meint der Literaturwissenschaftler Dirk Frank: „Ab den Achtzigern dient Affirmation vor allem der Abgrenzung von der orthodoxen Protestkultur.“ [15]

Frank stellt die These auf, dass in *Faserland* insbesondere die absurde Verbindung von Sozialdemokratie und Faschismus („SPD-Nazi“) eingesetzt werde, um zum einen mit der Widersinnigkeit zu provozieren, zum anderen jedoch eine spezifische Abgrenzung von der Protestgeneration zu dokumentieren: Der Erzähler „greift zitierend den ‚Faschismus‘-Vorwurf der 68er-Generation gegen ihre Eltern auf und benutzt ihn als bloße rhetorische Waffe gegen unliebsame Zeitgenossen (zum Beispiel gegen Nichtraucher), ohne inhaltliche Plausibilität.“ [16]

Nach dieser These will sich der „Schnösel aus gutem Hause“ nicht nur aus einer arroganten Haltung heraus von schlecht gekleideten und in seinen Augen unkultivierten Menschen abgrenzen, sondern aus letztlich ideologischen Gründen: Er lehnt diejenigen ab, die für ihn Wiedergänger der Protestkultur der Elterngeneration sind. Eine solche Sichtweise macht auch die emotionale Wucht verständlich, die in seinen Tiraden aufscheint. So spricht der Ich-Erzähler über Varna, die Freundin Alexanders, in höchst abfälliger Weise, zerreißt sich den Mund über den Dress-Code ihrer Bohemien-Szene und unterstellt ihr, grün-alternative wie auch musiktheoretische Positionen lediglich nachzuplappern, um schließlich in einer sehr aggressiven Fantasie zu landen:

> *Varna war so billig, so vorhersehbar, so liberal-dämlich, daß es einfach nicht möglich war, sich ihre blöden Ideen anzuhören, ohne auszurasten und sie zu treten oder ihr zumindest aufs Maul hauen zu wollen.* (S. 73)

Ebenso verhält er sich, wenn Varna grün-alternative Lösungsvorschläge für die Umweltprobleme verbreiten will. Er setzt sich inhaltlich nicht mit diesen Vorschlägen auseinander, formuliert aber offenbar höhnische Kommentare:

> *Ich hab dann immer so Sachen gesagt, daß man zum Beispiel eine Einlaufanstalt in jedem Bundesland bauen müßte und daß da jeder, der sich aufregt über politische Verhältnisse, einen polizeilich verordneten Einlauf bekommen müßte.* (S. 73 f.)

Die enorme Aggressivität wäre folglich nur vordergründig auf Varna gerichtet, entspränge in Wirklichkeit jedoch einer **Protesthaltung gegen die Elterngeneration**.

Umgedeutet wird auch die von der Protestbewegung so positiv bewertete Demonstrationserfahrung. Für den Protagonisten geht es bei solchen Veranstaltungen nicht mehr um politische Ziele oder ernsthafte Anliegen, vielmehr hält er bei seinen gelegentlichen Beteiligungen das Erlebnis des Adrenalinrausches, einen Nervenkitzel für die eigentliche Attraktion („nicht, weil ich glaube, damit würde man auch nur einen Furz erreichen", S. 30).

Eine solche gegnerische Haltung denjenigen gegenüber, die seinerzeit gegen alles waren, sieht auch der Germanist Carsten Gansel:

> *Dass Krachts (Jugend-)Figur nicht dem Habitus eines Altachtundsechzigers entsprechen kann, sondern sich vielmehr von der Übermacht dieses Kulturmusters absetzen, es destruieren muss, ist nur legitim, ja es entspricht grundsätzlich der Rolle von Adoleszenz, in der die angeblich gesicherten Bestände der Tradition auf neue Weise zu sehen sind.*[17]

Aus psychoanalytischer Sicht kann zudem aus adoleszenten „Größen- und Allmachtsfantasien"[18] eine teils arrogante, überhebliche und auch entschieden provokative Einstellung gegenüber der Umgebung erwachsen.

Der Protagonist erlebt in seinem Taumel durch Deutschland eine Desillusionierung nach der anderen, aber **es findet nicht das statt, was man eine charakterliche Reifung nennen würde**. Stagnation und Hilflosigkeit, Passivität und ungeklärte

Emotionen beherrschen ihn. Dabei gibt es immer wieder eingestreute Elemente der Reflexivität, die einen Prozess der Reifung einläuten könnten. Doch seine Verschlossenheit, seine nur rudimentäre Kommunikationsbereitschaft lassen ihn stets um sich selbst kreisen. In der Erinnerung an ein Erlebnis am Strand von Mykonos, als er in großer Bedrängnis einen Moment vollkommener Ruhe erreichen konnte, gelingt es ihm, ein solches fragmentiertes, von adoleszenten Gefühlen geprägtes Bild zu beschreiben:

> *Das ist natürlich etwas schwierig zu erklären, aber es ist ein bißchen so, als finde man seinen Platz in der Welt. Es ist kein Sog mehr, kein Ohnmächtigwerden angesichts des Lebens, das neben einem so abläuft, sondern ein Stillsein. Ja, genau das ist es: Ein Stillsein. Die Stille.* (S. 137 f.)

Während seiner Reise befindet er sich „im Sog" und mit Ohnmachten kennt er sich ebenfalls aus. Als er in Heidelberg das Bewusstsein verliert, spiegeln seine letzten Gedankensplitter seine tiefe Verunsicherung:

> *In dem Moment, in dem ich falle, denke ich nicht mehr an Nigel oder an Nadja. Ich denke daran, daß ich nicht weiß, wie das in den kommenden Jahren sein wird. Sonst war immer alles überschaubar. Aber jetzt weiß ich einfach nicht, was da kommt. [. . .]* (S. 106)

Das **Motiv der Ruhe**, der Stille, kehrt erst im letzten Bild der Reise wieder: Der Protagonist befindet sich zusammen mit einem schweigsamen Mann am späten Abend mitten auf dem Zürichsee. Dieses bedeutungsoffene Ende wirft mehr Fragen auf, als dass es Antworten geben könnte. Mit Blick auf den Reifeprozess des Ich-Erzählers lässt es sich allerdings nur so verstehen, dass die **Entwicklung unabgeschlossen** ist (vgl. *Interpretationshilfe*, S. 92 f.).

Die Identitätssuche des Ich-Erzählers

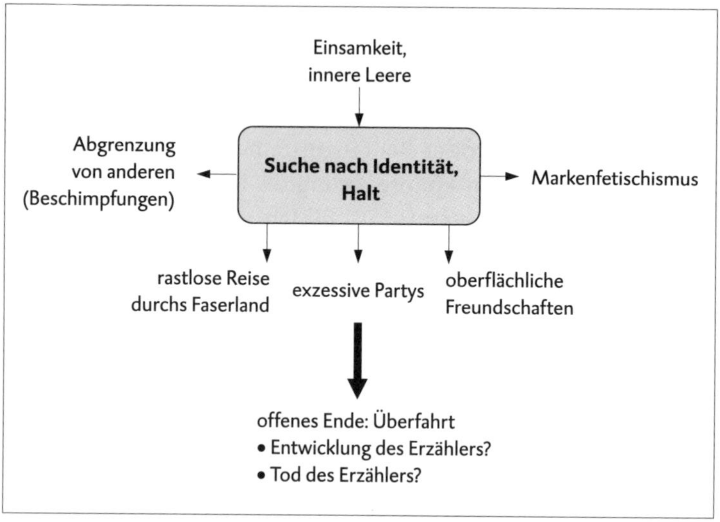

7 Einordnung in die Popliteratur

Popliteratur

Bei dem Versuch, *Faserland* innerhalb der jüngeren deutschen Literatur zu verorten, gerät man schnell in Schwierigkeiten. Von vielen, aber nicht allen Literaturwissenschaftlern und Feuilletonisten wird *Faserland* der Popliteratur zugeordnet. In der Literaturwissenschaft tobt ein heftiger Streit um die Definition dessen, was man als „Popliteratur" bezeichnen kann oder auch muss. Pikanterweise hat Christian Kracht selbst sich immer dagegen verwahrt, der Popliteratur zugeordnet zu werden.[19]

Definitionsprobleme

Auf die Frage, wann Literatur als „Popliteratur" zu bezeichnen sei, antwortet der Literaturwissenschaftler Georg Oswald: „Dann, wenn sie dafür gehalten wird."[20] Er weicht mit seiner

Lösung nicht einfach der Schwierigkeit aus, eine allseits akzeptierte Merkmalsliste zu erstellen, vielmehr hält er das Suchen nach einer feststehenden Definition in der Sache für verfehlt, da die beständige Veränderung ein wesentliches Kennzeichen der populären Kunst in all ihren Spielarten darstelle:

> *Die Geschichte des Wörtchens ‚Pop' in der deutschen Gegenwartsliteratur ist eine Geschichte der Mißverständnisse. Das liegt schon an dem Begriff Pop selbst, der seine Strahlkraft unter anderem der Tatsache verdankt, daß er sich nicht definieren läßt – und besser noch, daß seine ständige Neudefinition wesentlicher Bestandteil seiner selbst ist.*[21]

Nun ist es andererseits die Aufgabe der Wissenschaft, Phänomene zu analysieren und die Ergebnisse strukturiert in Übersichten anzuordnen, und so nimmt es nicht Wunder, dass andere Literatur- und Kulturwissenschaftler sich dennoch bemüht haben, eine genauere Fassung dessen, was „Popliteratur" meint, zu erarbeiten.

Kerstin Gleba und Eckard Schumacher versuchen, den Begriff inhaltlich und konkret zu füllen:

> *Unter diesem Schlagwort werden sowohl Bücher diskutiert, in denen über Pop oder die eigene Popsozialisation geschrieben wird, als auch Texte, deren Schreibweisen durch Popverfahren wie Oberflächenbeschreibungen, Gegenwartsphänomenologien oder popspezifische Archivierungstechniken geprägt sind, ohne dass von Pop selbst die Rede sein muss. Was die Texte bei aller Unterschiedlichkeit verbindet, ist der Abstand, der sie von einem – häufig verblüffend traditionsfixierten – konventionellen Begriff von Literatur trennt.*[22]

Diese Sicht auf die Popliteratur ist sehr weit gefasst und zeigt zugleich die Breite des Phänomens. Zuordnungen erfolgen sowohl über die inhaltliche Seite (den Plot, das Thema = Popsozialisation) als auch über die Machart, die spezifische Art zu schreiben.

Bei einer genaueren Bestimmung der **„popliterarischen" Schreibweise** stößt man auf Begriffe, die phänomenologisch ausgerichtet sind. Moritz Baßler diagnostiziert in seiner systematischen Analyse der Popliteratur der 1990er-Jahre eine **Methode des „Archivierens" von Alltagsbeobachtungen**[23] als zentrales Merkmal. Für ihn besteht das Wesen des popliterarischen Erzählverfahrens darin, dass aus dem Vorrat des sprachlich und kulturell Vorhandenen geschöpft wird, unter Aufgabe des traditionellen Anspruchs der Originalität und der sprachschöpferischen wie geistigen Individualität des Schriftstellers/Künstlers.[24] Damit ist eine Schreibweise gemeint, die den Alltag mit der Alltagssprache abbildet, in die Werbe- und Umgangssprache aufgenommen werden, bei der sich Redewendungen, Floskeln, auch Derbheiten und Verkürzungen der gesprochenen Sprache wiederfinden – kurz: die Sprache in der „Literatur des Pop" ist keine des gehobenen Stils. Die Gegenstände und Handlungen, die beschrieben und erzählt werden, scheinen unmittelbar der erlebten Realität entnommen zu sein und nicht einer geschlossenen Fiktion des Autors zu entspringen. Ein **genaues Abbild der Jetztzeit** zu geben, Authentizität zu vermitteln – dies vor allem wird von der neuen Art des Erzählens beansprucht.

Mit diesem Selbstverständnis treten die jungen Literaten (neben Kracht zählen dazu vor allem Benjamin Stuckrad-Barre, Thomas Brussig, Elke Naters, Alexa Henning von Lange und Rainald Goetz) entschieden gegen eine Unterscheidung an, die in der deutschen Kulturgeschichte eine lange Tradition aufweist. Unterschieden wird in „anspruchsvolle" **Hochkultur** einerseits und „nur der Unterhaltung dienende" **Massenkultur** andererseits. Ernsthaftigkeit und Unterhaltsamkeit schließen sich jedoch nach Ansicht der Popliteraten nicht aus:

> *Popliteratur ist Literatur, die sich der Massen- und Alltagskultur öffnet und damit die Idee einer guten und wahren bürgerlichen Hochkultur in Frage stellt. Ihre Inhalte und Formen haben sich im Laufe der Zeit gewandelt, von einer Literatur gesellschaftlicher Außenseiter ist Popliteratur zu einem Etikett der Unterhaltungsindustrie geworden.*[25]

Popliteratur

Inhaltlich: Darstellung des Lebens in einer von der populären Kultur geprägten Zeit

Formal: sprachliche Formen des Alltags, Orientierung an popspezifischen Techniken

Themen

- banale Alltagserlebnisse
- Episoden aus der eigenen Biografie
- Adoleszenz-Sujets
- Schule, Elternhaus, Leben in der Clique
- Umgang mit Drogen
- Umgang mit Sexualität
- Mode, Lifestyle
- Medien, Film, Musik

Darstellungsform

- einfache, verständliche Sprache
- Umgangssprache, Szenesprache
- Orientierung an der gesprochenen Sprache
- Viele Markennamen werden genannt
- Musik-Titel, Band-Namen, Filme und TV-Sendungen werden aufgelistet
- Stil an Darstellungsmustern der Medien orientiert: knapp, verkürzt, verschiedene und unterschiedliche Textteile werden ineinandermontiert (Sampling)
- ausschließlich subjektive Perspektive

In ihren Romanen und Erzählungen nehmen Kracht und die anderen die Themen der **populären Kultur ihrer Zeit**, ihrer Generation auf und erreichen damit ein Publikum, das mit ihnen Sozialisationserfahrungen teilt: Ihre Leserinnen und Leser kennen die Musik- und Filmtitel, ihnen sind bestimmte Markenwaren vertraut, sie verbinden mit der Nennung einzelner Labels ähnliche Assoziationen, Anspielungen genügen, um bei ihnen ein Kaleidoskop von Bildern zu evozieren.

Vor allem wird dabei die **Sozialisationsmacht der Medien** für diese Generation gezeigt. Die Erfahrungen der Generation, die in den 1970er- und 1980er-Jahren ihre Kindheit und Jugend verlebt hat, sind geprägt von der **Waren- und Medienwelt**, von allgegenwärtiger Werbung, von **Konsum**, **Lifestyle** und der Proklamation eines **Stilbewusstseins** sowie einer **neuen Dich-**

te an Kommunikation. Viele der Popliteraten bewegen sich in diesen Welten, schreiben für Lifestyle-Magazine, arbeiten als Skriptschreiber für das Fernsehen, kreieren einen neuen Stil zwischen Journalismus und Literatur, der sich zum einen in ihren journalistischen Arbeiten als *New Journalism* niederschlägt, zum anderen den typischen Schreibstil der Popliteratur begründet.

Die Wurzeln der Popliteratur

Nach dem Zweiten Weltkrieg entwickelt sich vor allem in den USA eine Literatur der zornigen Stimme, der Kritik an Konformismus und geistigem Stillstand: die sogenannten **Beatniks**.[26] Literarische und musikalische Einflüsse vermischen sich intensiv und diese Entwicklung kulminiert in der **Hippie-Bewegung** mit ihrem Anspruch, Kunst und Leben, Kunst und Spiel, Kunst und Politik miteinander zu verknüpfen. Parallelen finden sich in der darstellenden Kunst: Die „**Pop-Art**“ genannte Kunstrichtung, die vor allem in der Malerei und Skulptur (bekannteste Vertreter sind Roy Lichtenstein und Andy Warhol) zur vorherrschenden künstlerischen Ausdrucksform ab den 1970er-Jahren in Nordamerika und auch in Europa wird, nimmt ihre Motive aus der Alltagskultur, der Welt des Konsums, der Massenmedien und Werbung, die bevorzugte Ausdrucksform der Pop-Art-Künstler ist der Fotorealismus.

Die Künstler verstehen sich – zumindest zu Beginn – als Rebellen oder Unangepasste, sind eingebettet in eine Alternativ-Szene, die sich als Infragestellung und Kontrastprogramm zum herrschenden gesellschaftlich-politischen Konsens in den jeweiligen Gesellschaften konstituiert, als **Underground gegen Establishment**.

Deutschland bleibt von dieser Entwicklung lange Zeit unberührt. Die deutsche Literatur ist nach der Katastrophe und dem kulturellen Kahlschlag durch Faschismus und Krieg bis in die 1970er-Jahre geprägt von dem Bemühen um die Zurückgewinnung ihrer humanen und aufklärerischen Traditionen.

Als Ende der 1960er-Jahre erste Anzeichen der kulturellen Neuentwicklung in Deutschland sichtbar werden und einige Vertreter des Kulturbetriebs einer Öffnung für neue Formen das Wort reden, erhebt sich ein Sturm der Ablehnung. Einige wenige junge deutsche Literaten versuchen dennoch, die aus Amerika kommenden Einflüsse aufzunehmen, unter ihnen **Rolf Dieter Brinkmann** (1940–1975), der zur Ikone der Popliteratur der ersten Stunde wird.[27] Mit seinem filmische Erzählstrukturen adaptierenden Schreibstil bildet er Alltagsgeschehen ab und wird zu einem der wichtigsten Nachkriegsautoren. In seiner tabulosen Thematisierung von Drogenerfahrungen und Sexualität sowie in seinem Sprachduktus findet er Nachfolger in den deutschen Popliteraten der 90er-Jahre.

Dennoch verläuft die Entwicklungslinie der deutschsprachigen Popliteratur nicht direkt von Brinkmann und den 70er-Jahren zum neuen Erwachen in den 90er-Jahren. Wieder kommen wichtige Anstöße und Einflüsse aus dem angelsächsischen Kulturraum. Und sie werden bereitwillig aufgenommen von einer neuen Generation, die nach dem Ende der Blockbildung und der kommunikationstechnologischen Revolution begierig nach neuen Ausdrucksmitteln sucht, um ihre Wahrnehmungen und Beobachtungen der Welt, wie sie sich ihnen darstellt, mitzuteilen.

In den USA erscheint 1991 der Roman *American Psycho* von **Bret Easton Ellis** (geb. 1964). Im Mittelpunkt steht ein 26-jähriger Wallstreet-Yuppie und Oberschichten-Snob im New York der 80er-Jahre. Seine Gedanken kreisen um die angesagte Kleidung, Lifestyle ist wichtiger als Persönlichkeit, Partys, Drogen, Sex scheinen das Leben auszufüllen. Gespräche sind reduziert auf Small Talk, Fragen der Etikette stehen im Fokus. Aus dem sinnentleerten Materialismus erwachsen Gewalttätigkeiten auf der Suche nach immer neuen Stimuli, schließlich endet der Protagonist im Gewaltexzess und im Realitätsverlust. In Großbritannien veröffentlicht **Nick Hornby** (geb. 1957) den Roman *High Fidelity* (1995), in dem vom Leben und unglücklichen Lieben eines Plattenverkäufers erzählt wird. Die Machart ist vergleichbar und beide Autoren erreichen in kurzer Zeit bei der jüngeren Generation Kultstatus.

„Faserland" als popliterarischer Roman

Vergleicht man die neue Literatur der 90er-Jahre mit den Beatniks und anderen Underground-Strömungen, so wird deutlich, dass das gesellschaftlich-politisch Rebellische in den Hintergrund getreten ist. Man findet überwiegend eine **affirmative**, also eher bejahende und letztlich unkritische Darstellung der durch Medien und Konsum geprägten Alltagswelt junger Menschen. Es gibt dabei durchaus sehr experimentell vorgehende Autoren, die mit ganz eigenen, subkulturell inspirierten Darstellungstechniken mehr als **Sammler und „Archivisten"**[28] **der populären Gegenwartskultur** aktiv sind, und andere, wie Kracht und auch Stuckrad-Barre, die eine stärker narrative, erzählerische und damit traditionelle Darstellungsform vorziehen. Insbesondere bei Christian Kracht scheint ein subkultureller Hintergrund als Movens des Schreibens und Zeigens nicht mehr auf. In seinem Roman kann sich eine Jugend wiederfinden, die ihre Sozialisation durch populäre audiovisuelle Medien und ausgedehnte Marken- und Konsumorgien als Normalität ansieht. Viele Kritiker haben genau diese Darstellung des Lebens in einer sound-unterlegten bunten Warenwelt als Orientierung an einer „**Ästhetik der Oberfläche**" kritisiert und vermissen jedes kritische Moment. Beigetragen zu einer solchen Sichtweise haben auch Exegeten des Romans wie Florian Illies, der Autor und Erzähler gleichsetzt und die Schmähungen und Antipathien des Protagonisten in *Faserland* gegenüber den „Gemeinschaftskundelehrern", den „Zigarettenselbstdrehern" und „Gutmenschen" als Positionierung des Autors, als Offenbarung und Befreiung deutet:

> *Nicht nur ich, so durfte man endlich sagen, finde die Entscheidung zwischen einer grünen und einer blauen Barbour-Jacke schwieriger als die zwischen CDU und SPD. Es wirkte befrei-*

> *end, daß man endlich den gesamten Bestand an Werten und Worten der 68er-Generation, den man immer als albern empfand, auch öffentlich albern nennen konnte.*[29]

Illies' Urteil ist allerdings kein Beleg dafür, dass *Faserland* keinerlei kritisches Potenzial besitzt.

Zusammenfassend lässt sich festhalten, dass das Werk in vielen Aspekten den Kriterien entspricht, die mit der Popliteratur verbunden werden:

- Thematisches Zentrum ist die Lebenswelt wohlhabender Jugendlicher/junger Erwachsener mit ihren Stilpräferenzen und ihrem Markenfetischismus, was einen starken Gegenwartsbezug erzeugt.
- Der Adressat ist ein junges Publikum, das mit den geschilderten Lebenswelten und dem zitierten Lifestyle in der einen oder anderen Form vertraut ist.
- Audiovisuelle Medien werden in ihrer Bedeutung für die Identitäts- und Urteilsfindung herausgestellt, viele Musik- und Filmtitel werden aufgelistet.
- Die Erzählhaltung ist eine apolitische (im Sinne der traditionellen Parteipolitik).
- Der Erzähler äußert pauschale Kritik an Erwachsenen, aber auch an Gruppierungen mit Positionen, die er nicht teilt.
- Die Thematisierung von „Peinlichem", von Drogen und Tabus sowie von Sexualität spielt eine zentrale Rolle.
- Sprachstil und Erzählweise sind orientiert an der Umgangssprache, auch Vulgär- und Szenesprache werden eingesetzt.
- Die Erzählstruktur orientiert sich an den durch die Medien geprägten Wahrnehmungsmustern: Kürze der Episoden, Schnitte, Orientierung an der Oberfläche bei der Darstellung von Menschen, Handlungen etc.
- Die Erzählperspektive ist betont subjektiv.

Allerdings findet sich in *Faserland* nicht die häufig ebenfalls als popliterarisches Merkmal angeführte positive Darstellung von Lebensintensität und Hedonismus. Eine extensive Partylandschaft und ein vergnügungssüchtiger Lifestyle werden zwar gezeigt, doch ist das Erleben des Erzählers von einer **latenten Verzweiflung** und keinesfalls von Genuss gekennzeichnet. Abweichungen gibt es ebenfalls hinsichtlich des Gegenwartsbezugs und der Politikferne der Popliteratur, da die Rückblenden und die eingestreuten reflektierenden Passagen sehr wohl historisch-politische Themen variieren.

Literatur der Postmoderne

Der in den 1980er- und 1990er-Jahren ebenfalls viel diskutierte Versuch einer Typisierung von zeitgenössischer Literatur unter dem Stichwort „Postmoderne" ist Teil einer Suche nach **neuen künstlerischen Ausdrucksformen** und deren theoretischem Selbstverständnis. Dabei ist dieser Begriff kein literaturspezifischer[30], vielmehr umfasst der Postmodernismus als Strömung die unterschiedlichsten Künste, vom Film bis zur Architektur. Die Werke der Postmoderne werden verstanden als eine Reaktion auf die mit der globalisierten und teilweise postindustriellen Welt verbundene Auflösung wissenschaftlicher, kultureller und philosophischer Gewissheiten. Nach postmodernem Verständnis ist Wirklichkeit nicht objektiv und intersubjektiv nachprüfbar, für alle Menschen und Kulturen der Welt gleichermaßen zu erkennen, sondern als Ergebnis von subjektiver Interpretation immer nur für einzelne Individuen bzw. kulturell homogene Gruppen gültig. Die Wahrheit ist folglich relativ und alles Denken bewegt sich in einzelnen „**Diskursen**", die diejenigen miteinander führen, die dafür eigene Kriterien der Rationalität und Normativität setzen. Der Einzelne muss in der Welt des 20. Jahrhunderts seinen Platz selbstständig finden, muss sich für eine soziale Rolle und einen Lebensentwurf entscheiden, sozusagen sich selbst erfinden und damit seine eigene Wirklichkeit schaffen.

Auch die Situation des Künstlers sehen die Theoretiker der „Postmoderne“ kritisch und sie verabschieden die tradierte Vorstellung von einem genialisch Schaffenden. Alles scheint bereits tausendmal gesagt, und die kreative Potenz des Schriftstellers besteht für sie darin, das Alte neu zu arrangieren. **In postmodernen Zeiten geht es nicht ums Erfinden, sondern ums Finden.** Und so wird alles Mögliche zusammenmontiert, Versatzstücke cinematografischer, musikalischer, hochliterarischer oder auch alltagskultureller Art.

Zwischen den Kategorien „Popliteratur“ und „Postmoderne“ lassen sich große Schnittmengen finden. Auch zum Begriff der „Postmoderne“ gibt es keinen feststehenden **Merkmalskatalog**, aber einige Aspekte werden als allgemeingültig anerkannt.

Bestimmungsfaktoren des postmodernen Romans

- **Abkehr von der linearen Erzählweise**
  Die Texte werden fragmentarisch, unchronologisch erzählt; der Leser muss sich die Zusammenhänge selbstständig erarbeiten.
- **Intertextualität**
  Der Bezug auf ältere Texte in Form von Zitaten, Collagen und Persiflagen oder offensichtlicher Imitation soll verdeutlichen, dass sich Neues nur im Sinne eines kunstvollen Spiels als Arrangement von Bekanntem erreichen lässt – alles Denkbare ist bereits gedacht. Die Grenze zum Plagiat im klassischen Sinne ist fließend.
- **Das Schreiben selbst wird zum Thema**
  Indem ein Autor seine eigenen Überlegungen zur Gestaltung innerhalb des Werks thematisiert, durchbricht er die Fiktionalität des Romans und relativiert die Autorität des Autors.
- **Figurengestaltung nach dem Prinzip der Dekonstruktion**
  Die Figuren entwickeln sich nicht zu selbstbestimmten Subjekten, bleiben fremdbestimmt, bewegen sich im Kreis und/oder entschwinden.
- **Postmoderne Beliebigkeit in der Sinnbestimmung**
  Es gibt keine verbindliche Weltsicht, keinen erkennbaren Sinn, auf den hin eine Entwicklung verlaufen könnte. Alles löst sich auf in zufällige und individuell differente Wertigkeiten. Selbst sprachliche Zeichen sind nicht eindeutig.

Legt man das Raster dieser Merkmale an den Roman *Faserland* an, so zeigen sich Übereinstimmungen in einigen Punkten, insbesondere in der Figurengestaltung und der Darstellung der Realität als undurchschaubare und sinnentleerte Abfolge von Geschehnissen, ohne innere Zwangsläufigkeit und ohne erkennbares Ziel. Kracht wendet sich im Kern aber nicht von einer chronologischen Erzählstruktur ab und er thematisiert seinen Schreibprozess nicht. **Intertextuelle Bezüge** finden sich im Schlussbild des Romans explizit zu Thomas Mann und zu Goethe (so lassen sich in Motivik und Wortwahl Parallelen zu den Goethe-Gedichten *Auf dem See* und *Ein Gleiches* nachweisen); zugleich bezieht sich die typisch popliterarische Ausleuchtung der Oberfläche nicht nur auf andere literarische Werke, sondern auch auf konkrete reale Phänomene (Marken, Filme, Musik).

Aufgrund der genannten Kriterien kann *Faserland* als Werk der Popliteratur angesehen werden, das zugleich in vielen Aspekten den Charakteristika des Postmodernismus entspricht.

8 Interpretationen ausgewählter Schlüsselstellen

Erstes Kapitel: Die Begegnung mit Karin (S. 13–23)

Der namenlose Ich-Erzähler präsentiert dem Leser ohne Hinführung seine Erinnerungen an den **Anfang der Reise**, die ihn vom hohen Norden Deutschlands bis über die Grenze in die Schweiz führen soll. Im sprachlichen Gestus des mündlichen Erzählens nimmt er in zwei aufeinanderfolgenden Absätzen gleich zweimal Anlauf („Also, es fängt damit an, daß …“, S. 13, Z. 1; „Also, ich stehe da bei Gosch …“, S. 13, Z. 7), um den Leser dezidiert über seine Situation zu informieren.

Er befindet sich auf Sylt, der nördlichsten Insel Deutschlands, und erwartet dort am nördlichsten Punkt, am „obersten Zipfel von Sylt“ (S. 13, Z. 4), eine Empfindung zu erleben, die der Situation Rechnung trägt. Aber die Erwartung einer besonderen Atmosphäre an diesem Grenzpunkt wird nicht erfüllt und ein **Gefühl der Enttäuschung** prägt den gesamten Verlauf des Tages.

Der Erzähler beschreibt sich und seine Situation, indem er Äußerlichkeiten aufzählt, dies aber sehr detailliert und unter Nennung von Markennamen: Er trinkt „ein Jever aus der Flasche" (S. 13, Z. 2) und dies nicht in irgendeiner Bude, sondern bei „Fisch-Gosch", dem bekannten Sylter Feinkostladen. Vor dem kühlen Wind schützt er sich mit seiner „Barbourjacke mit Innenfutter" (S. 13, Z. 8f.) und er isst seine „zweite Portion Scampis mit Knoblauchsoße" (S. 13, Z. 9f. – man beachte die fehlerhafte Pluralbildung), obwohl bereits die erste Portion bei ihm Übelkeit ausgelöst hat.

Die Fischbude von Gosch auf Sylt bildet den Ausgangspunkt für die Reise des Erzählers.

Die Landschaft wird nur äußerst knapp beschrieben und nicht für die Charakterisierung einer Atmosphäre genutzt: Über allem ist ein blauer Himmel aufgespannt und ab und zu schieben sich Wolken vor die Sonne. Damit entsteht ein wenig differenziertes

Standardbild einer sommerlichen Nordseeinsel. Dafür evozieren die angeführten **Markennamen** genauere Bilder. Nahezu jeder kennt die Authentizität suggerierenden Werbebilder des jungen Jever-Pils-Trinkers, der sich rückwärts in die Dünen fallen und vom Meereswind umbrausen lässt, sowie das Image und Lebensgefühl des Exquisiten, das von der Marke „Gosch" ausgeht. Aber auch den genannten Diskotheken „Traxx" in Hamburg und „P1" in München (S. 13, Z. 15) kommt eine vergleichbare **imagedefinierende Funktion** zu.

Doch nicht nur bei bestimmten Dingen – hier ist vor allem die „Barbourjacke" zu nennen – und Lokalitäten beschränkt sich der Erzähler auf eine detaillierte **Abbildung der Oberfläche**, er beschreibt auch die ihm begegnenden Menschen vornehmlich in ihren äußerlichen Attributen. So beobachtet er an Karin, einer ehemaligen Mitschülerin aus Salem, die er zufällig an jener Fischbude trifft, dass sie „zuviel Gold an den Fingern" (S. 13, Z. 18) habe und ebenfalls eine Barbourjacke trage, wenn auch in einer für ihn weniger attraktiven Farbe (vgl. S. 13 f.). Er schließt aus der Art, wie sie beim Lachen ihre blonden Haare in den Nacken wirft, auf ihre erotischen Qualitäten und überlegt beim Anblick ihrer blauen Augen, ob sie „gefärbte Kontaktlinsen" (S. 14, Z. 10 f.) benutzt. Obwohl Karin in einem ständigen Redefluss die verschiedensten Themen streift – ihr BWL-Studium, die berufliche Tätigkeit und Automobilvorlieben ihres Bruders, die neuesten Kreationen der Pariser Modeschöpfer –, antwortet der Protagonist nur spärlich und verweigert sich mit seiner **Unaufmerksamkeit** weitgehend der Kommunikation („Ich hör nicht genau zu", S. 14, Z. 15). Er scheint sich zeitweise vollkommen aus der Situation auszublenden, konzentriert sich stattdessen auf die **Beobachtung der Umgebung**, stochert unlustig in seinem Essen, nimmt die Lautsprecherdurchsagen der Küche wahr und geht assoziativ verschiedenen Verknüpfungen nach. Er stellt sich dabei vor, dass die Muscheln mit Salmonellen verseucht seien und „irgendein chablistrinkender Prolet“ (S. 14, Z. 19) des Nachts mit quälenden Schmerzen ins Krankenhaus verbracht werden müsse; er beobachtet mit befremdlichem Interesse und beschreibt detailverliebt mit drastischen Worten, wie ein schwarzer Windhund höchst ungeschickt sein Geschäft verrichtet („große Kackwurst“, S. 14, Z. 28 f.), worauf sich seine eigene latente Übelkeit steigert. Alle Assoziationen umkreisen die negativ besetzten Felder des **Ekels** und der **Übelkeit**.

Das **erzähltechnische Verfahren** parallelisiert die Vorgänge des gestörten Kommunikationsverhaltens des Ich-Erzählers einerseits und seiner selektiv einzelne Erscheinungen der Umgebung protokollierenden Wahrnehmung andererseits und lässt sie als **wechselseitige Kommentierung** wirken. Das Unbehagen des Protagonisten wird in dem, was er wahrnimmt, gespiegelt und ausgedrückt, ohne dass es von ihm ins Bewusstsein gehoben oder gar ausgesprochen wird. Mit dieser Erzähltechnik eröffnet der Autor Mitteilungsebenen, die eine rein subjektive und reflexionsarme Ich-Perspektive verschlossen hält.

Obwohl er nach dem zufälligen Zusammentreffen Karin und deren Freunde in ein Sylter Szenelokal begleitet, ändert sich sein Verhalten nicht. Er gibt einzelne Passagen der munteren Plauderei Karins wieder, aber dann gleitet seine Aufmerksamkeit schnell ab und er überlässt sich seinen **Assoziationen** oder Erinnerungen an frühere Erlebnisse auf der Insel, die häufig durch Gerüche ausgelöst werden („Ab da höre ich nicht mehr zu, weil mir plötzlich dieser Geruch der Holzbohlen und des Meeres in die Nase steigt …“, S. 16, Z. 13 f.). Insbesondere die **Kindheitserinnerungen** an sommerliche Strandtage, an denen die heiße Sonne das Harz aus den hölzernen Laufstegen in den Dünen herauspresste und einen Duft verströmen ließ, vermitteln ihm offenbar wohlige Gefühle und treiben ihm Tränen in die Augen (vgl. S. 16, Z. 14–22). Er kommuniziert diese Gefühle jedoch nicht, sucht vielmehr seine **Rührung zu verbergen** und findet das Ganze „[z]iemlich peinlich“ (S. 16, Z. 24). Offenbar ist er sehr darauf bedacht, jeden Anschein von Emotionalität und Offenheit zu vermeiden. Selbst die unverbindliche Ebene des Small Talks in der Begegnung mit Karins Freunden Anne und Sergio bewältigt er nur mit kommunikationsstrategischen Überlegungen. So wirkt er inmitten der munteren Gruppe von Gleichaltrigen und in einer äußerlich entspannten Feriensituation wie ein **Einzelgänger**. Er bleibt auch wie in sich eingeschlossen, als die Gruppe das anvisierte Lokal erreicht. Einen **Moment des Glücks** erlebt er, als sie gemeinsam bei untergehender Sonne entspannt ihren Champagner und angenehme Musik genießen. Doch auch dieses Gefühl kann er lediglich als „dämliches Grinsen“ (S. 20, Z. 29) für die anderen sichtbar werden lassen, die allerdings ebenfalls wortlos nur ein Lächeln zurückgeben.

Mit Karin entwickelt sich im Verlaufe des Nachmittags dennoch eine gewisse Vertrautheit, jedenfalls verständigen sich die beiden nonverbal mit Blicken, lassen die Freunde zurück und machen sich, mit einer Flasche Champagner ausgerüstet, auf den Weg zu einem anderen Lokal. Der Protagonist registriert die fortgeschrittene Betrunkenheit von Karin. Sein Angebot, das Steuer des Wagens zu übernehmen, lehnt sie jedoch ab und er hängt in seiner Rolle als Beifahrer wiederum seinen Erinnerungen nach, während sie plaudernd den **Anschein einer sozialen Interaktion** aufrechterhält. Er hört ihr nicht zu, beobachtet sie offenbar sehr direkt („und so starre ich sie von der Seite an“, S. 22, Z. 6 f.) und hält akribisch fest, was er sieht: ein buntes Seidentuch von Hermès auf gebräunter Haut, von der sich die „kleinen goldenen Härchen“ (S. 22, Z. 10) abheben, wie er es Jahre früher bereits einmal bei einem kleinen schlafenden Mädchen am Strand wahrgenommen hat (vgl. S. 22, Z. 11 ff.). Die Erinnerung weitet sich zu dem Bild eines friedvollen, selbstvergessenen kindlichen Spiels im feinen weißen Sand mit bunten Plastikschaufeln aus.

Das Charakteristische der Erzählstrategie besteht hier wie in anderen Passagen darin, dass dem Leser diese **Detailbeobachtungen** häufig **kommentarlos** und im abrupten Übergang zu anderen Themen dargeboten werden. Gelegentlich gibt es aber auch relativierende Anmerkungen des Ich-Erzählers, in denen er sich von den Emotionen, die durch die kleinen erinnerten Szenen hervorgerufen werden, distanziert. Der Leser selbst ist aufgefordert, aus den Facetten des Mitgeteilten ein stimmiges Bild der Befindlichkeit des Protagonisten zu komponieren. Da die Wahrnehmungen des Erzähler-Ichs jedoch nur unkommentierte Fragmente darstellen, sind die **Unschärfen** im Einzelnen nicht aufzulösen und die Interpretationsspielräume entsprechend groß. Andererseits bewegt sich der Leser in einer großen gefühlten **Nähe zum Ich-Erzähler**, der ihm scheinbar authentisch sein Innerstes öffnet.

Diese Überlegungen zur Erzählstruktur verdeutlichen zugleich die Schwierigkeit, den **Schluss des Kapitels** umfassend und plausibel zu deuten. Karin und der Erzähler erreichen das Restaurant auf der Wattseite, gehen aber mit ihrer Champagnerflasche und zwei Gläsern auf den gegenüberliegenden kleinen Hügel, um von dort aus die Besucher des Restaurants zu beobachten. Die Flasche wird geöffnet und als Karin ihre Hand auf die Schulter des Erzählers legt und ihn küsst, reagiert dieser eher zurückhaltend und widmet sich vor allem der Selbstbeobachtung. Er nimmt die Wärme ihrer Hand durchaus als angenehm wahr, auch den **Kuss**. Aber zugleich wird ihm schwindelig und er muss die Augen geöffnet halten. Die Ursache sucht er im unmäßigen Alkoholgenuss und glaubt, dass auch Karin schwindelig sei. Zugleich beschreibt er seine Schwierigkeit, auf die Nähe zu sehen, und lässt sich insbesondere darüber aus, dass er in Karins „blaugefärbte Kontaktlinsen“ (S. 23, Z. 8 f.) schaut. Als Karin ihm ein Treffen für den folgenden Abend vorschlägt, scheint er eine irritierende Reaktion zu zeigen, denn sie verlässt zügig den

Hügel, „läuft zu ihrem Auto" (S. 23, Z. 17) und fährt offenbar ohne Gruß weg. Von der Reaktion Karins berichtet er lakonisch, neutral, aber er spart in seiner Erzählung aus, was er sagt oder nicht sagt, wie er sich verhält. Die Erzählerstimme bleibt im inneren Monolog, in dem er mit empörtem Unterton festhält, dass Karin mit ihrem Vorschlag seine während der Fahrt erwähnte, für den Folgetag geplante Abreise offenbar ignoriere oder nicht zur Kenntnis genommen habe: „Das sagt sie wirklich. Dabei habe ich ihr doch erklärt, daß ich morgen abfahre." (S. 23, Z. 13 f.)

Dass er auf ihren Vorschlag nicht eingeht, kann als Ausdruck seines **distanzierten Verhaltens** gedeutet werden. Analysiert man die Wahrnehmungspartikel, so lassen sich präzisierend verschiedene Thesen vertreten. Zum einen ist der Hinweis darauf, dass auf „kurze Entfernung die Sehschärfe" (S. 23, Z. 9 f.) schwer zu halten sei, metaphorisch zu lesen: **Nähe bedroht**, verunsichert, macht den Blick unscharf. Vieles im Verhalten des Protagonisten spricht dafür, dass er sich in Distanz zu Menschen sicherer fühlt als in deren Nähe, mag sie auch noch so erwünscht sein. Die **Fixierung auf das Äußere**, die Oberfläche, ist vielleicht auch so zu deuten, dass er vor allem Wünsche auf andere projiziert und nicht an der Gestaltung realer Beziehungen arbeitet. Zum anderen schaut er, als er sich dann bemüht, den nahen Blick auszuhalten, in ein unecht blaues Auge. Dies lässt sich als ein Anzeichen für unechte, künstliche Gefühle deuten. Dass ihm schwindelig wird, sobald er die Augen schließt und damit die Kontrolle der Situation ein Stück weit aufgibt, spricht für sich und muss nicht nur eine Folge des Alkohols sein. Vielleicht sieht er auch in Karins Ignoranz gegenüber seiner beabsichtigten Abreise ein Zeichen mangelnder Wertschätzung. Dies wäre besonders pikant, immerhin ist das Weghören doch eher seine Unsitte.

All diese möglichen Emotionen werden jedenfalls vom Ich-Erzähler nicht mitgeteilt. Sattdessen **vermeidet** er jede **Intro-**

spektion und lenkt seine Aufmerksamkeit auf die Beobachtung der Gäste des Restaurants und die unwichtige Frage des Kuchenverzehrs am frühen Abend. Dieses Ablenkungsmanöver scheitert jedoch, denn er stellt fest, dass der Champagner nicht mehr perlt. Er schenkt sich nach, als wolle er ein Gefühl wieder zurückholen, aber der Roederer schmeckt „schal und flach und abgestanden und nach Asche" (S. 23, Z. 23 f.). Diese Aufzählung veranschaulicht, dass ein vielleicht aufkeimendes Gefühl zwischen ihm und Karin gleich zu Beginn erstirbt.

Der letzte Satz wird in seiner nur vordergründigen Zusammenhangslosigkeit zu einer bedeutungsvollen Aussage. „Ich glaube, ich werde nicht mehr nach Sylt fahren" (S. 23, Z. 24 f.), sagt er, obwohl er viele positive, vor allem intensive Erinnerungen mit dieser Insel verbindet. Die Enttäuschung scheint so groß zu sein, dass er den Ort nicht mehr betreten möchte. Zugleich bleibt **alles Gefühlte unausgesprochen** und auch außerhalb der bewussten Wahrnehmung, denn der Erzähler ergründet seine Empfindungen nicht, sondern reist einfach ab. Es bleibt das Bild einer Figur, die sich in ihrem Selbst weder im Erleben noch in der Reflexion sicher ist, nicht ins Leben findet, sondern **in der Beobachterrolle verharrt**.

Kapitel 8: Interpretation des Schlusses (S. 147–157)

Nachdem der Ich-Erzähler vor den Problemen seines Freundes Rollo und wahrscheinlich mehr noch vor seinem eigenen Versagen **davongelaufen** ist und mit dem Grenzübergang in die Schweiz Deutschland verlassen hat, bemüht er sich offensichtlich, auch seiner hektischen Atemlosigkeit zu entkommen. Dass er aus der temporeichen Bewegung herausfindet, ist gleich am Anfangssatz ablesbar: Er hat im Züricher Hotel bereits zwei Nächte hintereinander geschlafen, frühstückt regelmäßig (vgl. S. 147, Z. 1 f.) und versucht, das Rauchen aufzugeben (S. 148, Z. 4, 11 ff.).

Die **Schweiz** erscheint ihm in ihrer geordneten Sauberkeit ein Gegenbild zu Deutschland zu sein, das ihm nun vorkommt wie „eine große Maschine jenseits der Grenze“ (S. 149, Z. 9), bedrohlich, verschlingend. Aber auf eine ihm unerklärliche Weise hat „sich das ganze riesengroße Land einfach verflüchtigt“ (S. 149, Z. 5 f.), und er unterzieht alles, was er bei seinen Streifzügen durch die Stadt sieht, einer prüfenden Beobachtung, teilt diese dem Leser in einem plaudernden Ton mit, als begleite man ihn durch die Straßen. So beschreibt er zwei junge Männer in einem Straßencafé mit den Worten: „Das sind solche mit teuren Anzügen von der Stange und Mobiltelefonen, so halbe Banker eben“ (S. 148, Z. 20 f.). Satzbau und Füllsel wie „eben“ sind der gesprochenen Sprache entlehnt.

In der neu entdeckten **Gelassenheit** gelingt es ihm sogar, Rauchringe zu produzieren (vgl. S. 149, Z. 13 ff.), und er überschlägt sich vor Begeisterung über die Einfachheit dieser Übung, die ihm offensichtlich vorher nicht gelungen ist. Der **Ausdruck des Authentischen und Emotionalen** wird insbesondere durch den mündlichen Sprachduktus unterstützt: „Ich bekomme einen kleinen Adrenalinstoß, weil mich das so irre freut, und ich puste noch einen Ring in die Luft.“ (S. 149, Z. 16 f.)

In diesem Zustand der bemühten Entspanntheit schlägt er eine deutsche Zeitung auf, die er kurz vorher gekauft hat, obwohl er – wie er ostentativ bemerkt – „überhaupt nie Zeitungen“ lese (S. 149, Z. 2 f.). Die mitschwingende Vorausahnung erfüllt sich, denn sein Blick fällt bald auf einen Artikel, in dem über den **Tod Rollos** berichtet wird. Er versucht, seiner zur Schau gestellten Coolness treu zu bleiben, wenn er betont, dass sein erster Gedanke Rollos Porsche gegolten habe, den er entwendet und am Flughafen Zürich abgestellt hat (vgl. S. 150, Z. 18). Aber die **Kaskade von Sätzen**, die mittels spannungsaufbauender Parallelismen in Satzbau und Satzbeginn die auf ihn einstürzenden **Emotionen** abbildet („Rollo, der erst morgens früh um acht gefunden worden ist [...]. Rollo, in dessen Magen man eine Überdosis Valium gefunden hat [...]. Rollo, der Gastgeber der Party [...]. Rollo, der junge Millionärserbe [...]", S. 150, Z. 7 ff.), transportiert eine andere Botschaft. Es charakterisiert die Erzählweise des Autors, dass kurz darauf eine **akribische Beschreibung einer alltäglichen Handlung** folgt:

> *Ich reiße den Artikel aus der Zeitung heraus, falte ihn und stecke ihn in die Tasche meines Jacketts. Dann lege ich einen Zehn-Franken-Schein auf den Tisch, unter das leere Bierglas, stehe auf und marschiere die Straße hinunter, am Fluß entlang.*
> (S. 150, Z. 18 ff.)

Die passagenweise zeitdeckend gestaltete Schilderung ist geeignet, die expressive Emotionalität zurückzunehmen. Das Aufzählen von Details der Handlungen bewirkt in seiner Nüchternheit eine **Fragmentarisierung der Wahrnehmung** und auf diese Weise kann der Erzähler wieder in die **Distanz** zum Erleben gehen. Diese immer wieder nur angerissenen und widersprüchlich bleibenden Gestaltungen der Emotionen des Protagonisten führen dazu, dass für den Leser die Figur letztlich **ohne klare Konturen** und merkwürdig undeutlich bleibt – es ist anzunehmen, dass dies absichtsvoll geschieht.

Der Ich-Erzähler setzt seinen Weg durch die Stadt fort, wobei er aus einem Impuls heraus sogar eine Kirche betreten will, „vielleicht wegen Rollo" (S. 150, Z. 26). Doch auch hier folgt auf die kurze und nicht weiter erläuterte Erwähnung Rollos eine deutlich längere Reflexion über den konfessionsabhängigen Unterschied bei den Öffnungszeiten der Kirchen. Im weiteren Verlauf findet Rollo keine Erwähnung mehr.

Die Beschreibung seines Ganges durch Zürich folgt dem bekannten Erzählmuster, bei dem **Beobachtungen** durchsetzt sind mit **assoziativen Einschüben** und gelegentlichen **Reflexionen**. Eine der zentralen Assoziationen verknüpft das bereits entfaltete Bild der Schweiz als Gegenbild zu dem „Land im Norden, […] da unten im Flachland“ (S. 153, Z. 1 f.) mit der **Fantasie** eines gemeinsamen Lebens, bezogen auf die Schauspielerin Isabella Rossellini. Mir ihr und gemeinsamen Kindern kann er sich ein Leben in den Schweizer Bergen vorstellen, „auf einer Bergwiese, in einer kleinen Holzhütte, am Rande eines kalten Bergsees, der unterirdisch mit Schneewasser gespeist wird“ (S. 152, Z. 15 ff.). In diesem klischeehaften Ambiente will er dann seinen Kindern erzählen

> *[v]on den Deutschen […], von den Nationalsozialisten mit ihren sauber ausrasierten Nacken, von den Raketen-Konstrukteuren, die Füllfederhalter in der Brusttasche ihrer weißen Kittel stecken haben, fein aufgereiht. Ich würde erzählen von den Selektierern an der Rampe, von den Geschäftsleuten mit ihren schlecht sitzenden Anzügen, von den Gewerkschaftern, die immer SPD wählen, als ob wirklich etwas davon abhinge, und von den Autonomen, mit ihren Volxküchen und ihrer Abneigung gegen Trinkgeld.* (S. 153, Z. 10 ff.)

Diese Aufzählung stellt einen Rundumschlag dar und lässt in der pejorativen Wortwahl und in den abfälligen Charakterisierungen keinen Zweifel daran, dass sich alle genannten Gruppierungen und **typisierten Figuren** der **Ablehnung** des Protagonisten gewiss sein können. Dabei springt dieser zwischen den unterschiedlichen politischen Kontexten beliebig hin und her und lässt deren Differenzen und konträren Profile vollständig verschwimmen. Es wird auch nicht ausgesprochen, woran sich jeweils die Abneigung festmacht. Der Erzähler produziert Bilder, Stimmungen, Ahnungen, in die sich der Leser einschwingen kann in dem Gefühl, genau zu verstehen, was gemeint ist, ohne die Möglichkeit einer Überprüfung der eigenen Lesart zu haben.

Diese Verknüpfung zweier idealisierter Welten (Schweiz – Familienleben) lässt die Vermutung aufkommen, dass der Protagonist nach all seinen **Erfahrungen gescheiterter Freundschaften** einer tiefen Trostlosigkeit und inneren Leere entkommen will durch die **Flucht in glückverheißende Fantasiewelten**. Doch eine überraschende Wende wirft einmal mehr Fragen auf: Zum einen stellt der Erzähler heraus, dass seine Erzählungen von den Kindern in dieser abgeschiedenen Idylle nicht überprüft werden könnten, da ja kein Außenstehender anwesend wäre. Daraus folgt für ihn zum einen: „Ich hätte immer recht. Alles, was ich erzählen würde, wäre wahr." (S. 152, Z. 27 f.) Zum anderen jedoch formuliert er eine noch weiter gehende Konsequenz: „Dann hätte es auch einen Sinn gehabt, sich alles zu merken" (S. 152, Z. 28 f.). Lässt sich die Ausgeliefertheit der Kinder an seine „Wahrheiten" noch als Ironisierung der idealisierten Idylle verstehen, da dieses Bild damit seinen paradiesischen Charakter verliert und sich als fragwürdiges Konstrukt offenbart, so eröffnet der Nachsatz wiederum potenziell eine Sinnsuche. Die Verwendung der Möglichkeitsform hält überdies alles in der Schwebe. Die letzte Steigerung des Rätselhaften erfolgt mit der **Wendung ins Irrationale**. Er könne, so sagt er lapidar, seine Erzählungen auch einstellen. Die „große Maschine" werde unwichtig, „und da ich sie nicht mehr beachte, würde es sie nicht mehr geben, und die Kinder würden nie wissen, daß es Deutschland jemals gegeben hat, und sie wären frei, auf ihre Art" (S. 154, Z. 1 ff.). Im Irrealen der spekulativen Wende wird deutlich, dass ein wirkliches „Freisein" von all den empfundenen Bedrückungen für den Protagonisten völlig unrealistisch erscheint, für die Kinder und – so kann man schließen – auch für ihn, der diese Geschichte fantasiert.

Die Vorstellung jedoch, dass innerhalb einer gesellschaftlichen Realität ein Leben ohne Verleugnung und irrationale Fluchten nicht möglich und eine authentische Existenz undenkbar sei, deutet auf eine **gestörte Identität** hin. Die Gestaltung des Protagonisten als fragmentarisierte, nicht mehr konsistente und den Dingen ausgelieferte Figur verweist auf die philosophischen Positionen und **Menschenbilder der Postmoderne**.

Dabei lässt der Erzähler nicht nur das Gebilde der „großen Maschine“ entschwinden, im letzten Bild des Romans verschwindet er selbst. Die misslingende nächtliche **Suche nach dem Grab von Thomas Mann**, dem großen Schriftsteller der Moderne, reiht sich als letzter Anlauf ein in seine Suche nach Orientierung. Er findet das Grab in der Nähe des Sees nicht, da er planlos und bei zunehmender Dunkelheit agiert. Und wieder ironisiert und banalisiert er die allegorische Dimension der Suche, indem er sich vorstellt, dass ein streunender Hund „auf Thomas Manns Grab gekackt haben könnte“ (S. 157, Z. 9 f.).

Ihr **Ende** findet die Geschichte symbolträchtig **auf der Mitte des Zürichsees**. Die Situation könnte in ihrer Verbildlichung der inneren Befindlichkeit des Ich-Erzählers nicht deutlicher komponiert sein: Geblendet von entgegenkommenden Autos bewegt er sich auf der Straße, die vom Friedhof zum See führt und dabei – wie ihm scheint – sich „immer in die falsche Richtung“ (S. 157, Z. 23) windet. Es ist kühl geworden und er geht inzwischen in vollkommener Dunkelheit, nur am „anderen Ufer leuchten die Lichter“ (S. 157, Z. 28 f.). Er kommt an einer Kneipe vorbei und setzt sich an den Rand des Sees neben eine verwaiste Anlegestelle für Ausflugsboote. Der einzige Mensch in dieser nächtlichen Stille ist ein anonym bleibender, rauchender Mann in einem Ruderboot, der anfänglich nur an der Glut seiner Zigarette erkennbar ist. Der Protagonist schöpft Mut und fragt den Mann, ob dieser ihn für zweihundert Franken ans jenseitige Ufer fahren würde. Die Vereinbarung kommt zustande und der Erzähler steigt zu dem schweigsamen Mann ins Boot. Das Bild eines strengen Bootsführers auf dunklem Wasser ist in der **Mythologie** eine bekannte **Allegorie des Todes** (Charons Barke auf den Wassern des Styx, der die Menschen ins Reich des Todes geleitet) und der Autor spielt offenbar mit dieser intertextuellen Verknüpfung. Für eine Interpretation der Passage als **Untergang des Protagonisten** spricht auch die angedeutete Änderung des

Charon war in der griechischen Mythologie der Fährmann, der die Toten über den Styx in das Totenreich brachte. (Illustration von Gustave Doré)

Ziels. Ging es anfangs darum, dass der Bootsmann ihn ans jenseitige, von Lichtern erhellte und offenbar von Menschen bevölkerte Ufer bringen sollte, so heißt es im letzten Satz bedeutungsschwanger, aber rätselhaft: „Bald sind wir in der Mitte des Sees. Schon bald." (S. 158, Z. 18) Die ersehnte Mitte des Sees in dunkler Nacht ist jedoch ein Ort der Leere. Die Reise endet daher symbolisch im **Nichts**. Wenn auch die Deutung als Todeserlebnis über den Text nicht ohne Weiteres abgesichert werden kann und sich im Bereich der Assoziationen bewegt, so ist doch mit großer Plausibilität zu vertreten, dass dieses Verschwinden im Nichts als ein **Sinnbild des inneren Vakuums** des Protagonisten angesehen werden kann.

Rezeptionsgeschichte

Der Roman *Faserland* von Christian Kracht löste unmittelbar nach seinem Erscheinen im Jahre 1995 ein bemerkenswertes Echo aus, das zwischen **radikaler Ablehnung und begeisterter Zustimmung** schwankte, aber nur selten eine gemischte Wertung bot.

Gefeiert wurde der Roman als ein Stück Literatur, in dem das Lebensgefühl derjenigen gestaltet werde, die in den frühen 90er-Jahren des 20. Jahrhunderts junge Erwachsene waren. Die Oberflächlichkeit der Partygesellschaft, die Charakterisierung der Figuren durch Markenbewusstsein und Konsummuster, die beißende Verhöhnung aller politisch-idealistischen, alternativen Lebensentwürfe und deren Denunzierung als realitätsfernes und letztlich selbstverliebtes „Gutmenschentum“ wurde als **authentischer neuer Ton** interpretiert. Schon in den ersten Rezensionen wird eine Parallele gezogen zu den zeitgenössischen popliterarischen amerikanischen bzw. britischen Autoren Bret Easton Ellis und Nick Hornby, aber auch zu J. D. Salinger *(Der Fänger im Roggen)*, dem Kultautor der 60er-Jahre. Der damalige Hype lässt sich erahnen, wenn man sich vergegenwärtigt, dass der Fernsehmoderator und Schauspieler Harald Schmidt 1999 im renommierten Wiener Burgtheater und in anderen Theaterhäusern ausverkaufte Lesungen zu dem Roman *American Psycho* von B. E. Ellis durchführte.

In den ersten Rezensionen zu *Faserland* überwogen allerdings die **negativen Reaktionen**. Die kritischen Stimmen monierten den wenig verdichteten Stil der Darstellung und werteten die an den Duktus der Mündlichkeit angelehnte sprachliche Gestaltung des Romans ab. Einige Kritiker gingen so weit, dem Roman jeden literarischen Wert abzusprechen, und sahen in dem Buch ein „vollgeschwalltes Stück Papier".

Aber nicht nur die sprachliche Form und Erzählstruktur wurde kritisch bewertet, auch der Plot erfuhr Ablehnung: Die Lesart vieler Rezensenten reduziert den Roman auf das Bild eines reisenden Millionärssöhnchens, eines Schnösels, der gelangweilt und privilegiert durch eine scheinbar endlose Partykultur taumelt und dabei sprachliche und menschliche Defizite offenbart. Ein solches Werk mit unscharf bleibender Aussage wird als wenig erhellend und uninteressant abgetan. Vielfach werden auch **Autor und Protagonist gleichgesetzt** und mit dem Verweis auf die geschickte mediale Selbstvermarktung des Autors wird der Roman als aufmerksamkeitserregendes Produkt eines journalistischen Blickes auf die Welt eingeordnet.

Erst einige Jahre später beginnt in der **Literaturwissenschaft** eine ernsthafte Auseinandersetzung mit *Faserland* im Kontext vergleichbarer Werke der 1990er-Jahre. Inzwischen gilt der Text als ein anfänglich falsch verstandenes Werk und **als wichtigster Roman des popliterarischen Aufbruchs** dieser Jahre. Sprachstil und Darstellung der Oberfläche werden nun als Bemühen gedeutet, die Gegenwartskultur und das Lebensgefühl einer bestimmten Gruppe junger Menschen unmittelbar abzubilden. Zugleich wird das **verdeckte kritische Potenzial** betont, das in dem Prozess der Desillusionierung des Protagonisten und in seiner verzweifelten Suche nach einem sinnvollen und gelingenden Lebensentwurf aufscheint.

Dass Krachts Roman sich auch fast 20 Jahre nach seinem Erscheinen zur kritisch-produktiven Reibung eignet, beweist das Vorhaben des Staatsschauspiels Hannover, 2012 eine **dramatisierte Version** auf die Bühne zu bringen.

Glossar: Markennamen und Worterläuterungen

Alden	traditionelle amerikanische Schuhmarke, handgefertigte Herrenschuhe, sehr edel und sehr teuer
Aschram	Meditationszentrum in hinduistischer Tradition
Autonome	politische Gruppierungen, die sich als linksradikal oder anarchistisch verstehen
Barbourjacke	gewachste Baumwolljacke der englischen Firma Barbour & Sons; nicht billig, trägt das Image angelsächsischen Understatements, gilt als hipp im Kreise der Collegejugend
Bernhard von Clairvaux	kein Maler, sondern französischer Abt und Kirchenreformer (ca. 1090–1150)
Biedermeier-Sekretär	Möbelstück aus der Epoche des Biedermeier (1. Hälfte des 19. Jahrhunderts)
Biller, Maxim	deutscher Schriftsteller und Journalist (geb. 1960), gehört zum Umkreis der Popliteraten
Blohm & Voß	traditionsreiche Werft in Hamburg, während der NS-Zeit wurden Kriegsschiffe und U-Boote gebaut
Bosch, Hieronymus	niederländischer Maler (ca. 1450–1516), das berühmte Triptychon *Der Garten der Lüste* stellt den dritten Tag der Schöpfung dar, im Mittelteil finden sich skurrile Darstellungen sexueller Aktivitäten
Brandy Alexander	Cocktail auf Brandy-Basis mit einer Muskatnote
Brook Brother	traditioneller amerikanischer Herrenausstatter mit dem Stammhaus in New York, Madison Avenue, bei Künstlern und Schauspielern beliebt
Brown Boverie	elektrotechnischer Konzern, in den 1990er-Jahren mit anderen Unternehmen fusioniert
Budapester	spezielle Form handgearbeiteter Herrenschuhe
BWL	Studium der Betriebswirtschaftslehre
Cartier	Luxusladen für Schmuck und Uhren
Chablis	edler französischer Weißwein

Cobain, Kurt	Leadsänger der Rockband Nirvana, 1994 Selbstmord mit 27 Jahren
Deleuze, Gilles	französischer Philosoph (1925–1995)
Diederichsen, Diedrich	Kulturwissenschaftler, geb. 1957
Doc Martens	ursprünglich geschnürte Arbeitsstiefel, heute Kultstiefel in verschiedenen Szenen
Fair-Isle-Pullover	gestrickt in der Zwei-Fäden-Technik und in unterschiedlichen Farben
Fisch-Gosch	GOSCH steht für eine gehobene Gastronomie, spezialisiert auf Fischgerichte und Meeresfrüchte, Stammhaus auf Sylt
Fischer, Jürgen	Chefredakteur des Magazins *Tempo* (1990–1992)
Flak	Abkürzung für „Flugabwehrkanone"
Friedrichs, Hajo	in den 1980er- und 1990er-Jahren sehr bekannter Moderator der ARD-Nachrichtensendung *Tagesthemen*
Gaultier, Jean Paul	französischer Modedesigner, Haute Couture, sehr teuer
Grünofant	Eis mit Waldmeistergeschmack von *Langnese*, in den 1970er- und 1980er-Jahren beliebtes Kindereis
Hafenstraße	in dieser Straße im Hamburger Stadtteil St. Pauli fanden in den 80er-Jahren viel beachtete Hausbesetzungen statt
Hamburger Feuersturm	verheerender Luftangriff der Alliierten auf Hamburg im Juli 1943
Hermès	französisches Luxus-Modehaus, vor allem für Leder und Seide bekannt
Hesse, Hermann	deutscher Schriftsteller (1877–1962)
Horx, Matthias	Publizist, bezeichnet sich als Zukunftsforscher, geb. 1955
Ilbesheimer Herrlich	Pfälzer Wein
Im Namen der Rose	Verfilmung des gleichnamigen Romans des italienischen Schriftstellers Umberto Eco; die Handlung spielt im Mittelalter
Jack Daniel's	traditioneller amerikanischer Whiskey aus Tennessee

Jever	Marken-Bier aus der norddeutschen, friesischen Region
Juan-Les-Pins	Seebad an der französischen Mittelmeerküste
Jünger, Ernst	deutscher Schriftsteller (1895–1998), umstritten, in seinen frühen Werken glorifizierte er die Schrecken des Krieges (*In Stahlgewittern*)
Kiton-Jackett	maßgeschneidertes Jackett aus hochwertiger Wolle/Cashmere des Labels Kiton
Kopf, Uwe	Journalist, Mitarbeiter in der Redaktion des *Tempo*
Koyaanisqatsi	amerikanischer Film mit minimalistischer Musik
Kupferkanne	bekanntes Promi-Restaurant in Kampen/Sylt
Kykladen	griechische Inselgruppe
Lachaim	in Lautsprache: L'chaim. Dieser hebräische Toast bedeutet übersetzt „Leben“.
Lacroix, Christian	französischer Modedesigner, Haute Couture, sehr teuer
Lexotanil	Beruhigungstablette, Psychopharmakon
Mann, Thomas	deutscher Schriftsteller, Nobelpreisträger (1875–1955), begraben in Kilchberg bei Zürich
Meggle-Butter	Butter-Kreationen für Feinschmecker
Metz, Christian	französischer Filmtheoretiker (1933–1993)
Modern Talking	kommerziell sehr erfolgreiches Popmusik-Duo: Thomas Anders und Dieter Bohlen, musikalisch: schlichter Dance-Pop
Odin	Café-Bistro für Feinschmecker in Kampen/Sylt
Overstolz	deutsche filterlose Zigarettenmarke, verbreitet in den 1950er- und 1960er-Jahren im Milieu von Arbeitern und Handwerkern
Panzerkreuzer Potemkin	Stummfilm des russ. Filmregisseurs Sergej Eisenstein von 1925; berühmt für seine eigenwillige, moderne Filmsprache
Peckinpah, Sam	amerikanischer Regisseur (1925–1984)
Pet Shop Boys	britische Electropop-Band

P1 München	Szenediskothek in München
Phuket	Urlaubsinsel im Süden Thailands
Ragnarök	in der nordischen Mythologie der Kampf der Götter mit feindlichen Mächten
Ralph Lauren	teure, stilbildende Modemarke
Rave	Partyveranstaltung mit Techno-Musik
Riefenstahl, Leni	deutsche Filmregisseurin (1902–2003), wegen ihrer Nähe zur NSDAP und ihrer verherrlichenden Dokufilme von Nazi-Parteitagen umstritten
Rio Bravo	einer der bedeutendsten Western-Filme Hollywoods (Regisseur: H. Hawks, 1959)
Roederer	französischer Champagner
Rolex	sehr teure Schweizer Uhrenmarke
Rossellini, Isabella	italienische Schauspielerin, geb. 1952
Rungholt	Der Ort Rungholt lag im heutigen Wattenmeer südlich von Sylt auf moorigem Untergrund. In der großen Flut von 1362 (Grote Mandränke) wurde er zerstört und in den nachfolgenden Sturmfluten gänzlich ausgelöscht.
Salem	Internatsgymnasium Schloss Salem, am Bodensee gelegen, gilt als elitär und teuer
Schmiss	Narbe im Gesicht als Folge eines Fechtkampfes, dem Ritual schlagender Studentenverbindungen, in der Regel rechtskonservative Vereinigungen
Schumann's, München	Bar am Odeonsplatz in München, gilt als Treffpunkt der „Schickimicki"-Szene
Schweine-Red-Neck-Getränk	Redneck ist im Amerikanischen eine abfällige Bezeichnung für Angehörige der weißen Arbeiterschicht in den Südstaaten der USA
Single Malt	Whiskey von besonderer Qualität
SNAP	in den 1990er-Jahren bekannte Gruppe, mischte Elemente von Hip-Hop und Dance
Spex	bekannte deutschsprachige Musikzeitschrift

Stalingrad	Ort der entscheidenden Schlacht im Zweiten Weltkrieg, die deutschen Soldaten unterliegen der russischen Armee
Testarossa	roter Sportwagen von Ferrari
Ton Steine Scherben	erfolgreiche Rockgruppe der 1970er- und 1980er-Jahre, sozialkritische deutsche Texte, Kultband der linken Szene, Frontmann: Rio Reiser (gestorben 1985)
Traxx Hamburg	Szenediskothek in Hamburg
Triumph	Oldtimer, Sportwagen
Twin Peaks	TV-Serie von David Lynch, Mystery-Criminal-Genre
Ungarischer Aufstand	Ungarischer Aufstand gegen die kommunistische Herrschaft im Jahre 1956
Valium	Beruhigungstablette, Psychopharmakon
Vernissage	feierliche Eröffnung einer Kunstausstellung
Vollenweider, Andreas	Schweizer Musiker, komponiert vor allem Entspannungsmusik
Volxküchen	Großküchen der Hausbesetzer-Szene, die ungewöhnliche Schreibweise haben sie gewählt, um sich von dem Begriff „Volksküche" der NSDAP abzusetzen
Wachturm	Zeitschrift der christlichen Religionsgemeinschaft „Die Zeugen Jehovas"
Waldorf-Schulen	begründet von dem Anthroposophen Rudolf Steiner: die Schüler arbeiten ohne Notendruck, Schwerpunkt liegt auf der Entfaltung künstlerischer Fähigkeiten
Walther von der Vogelweide	kein Maler, sondern mittelhochdeutscher Dichter, Minnesänger (ca. 1170–1230)
Warentermingeschäfte	spekulativer Börsenhandel mit Wertpapieren, basierend auf bestimmten Warengruppen (z. B. auf Rohstoffen wie Kaffee, Baumwolle etc.)
Wenders, Wim	einer der bekanntesten deutschen Filmregisseure, geb. 1945; schuf viele preisgekrönte Filme
Whiskystraße	Straße in Kampen/Sylt mit hoher Kneipendichte

Literaturhinweise

Verwendete Textausgabe

KRACHT, CHRISTIAN: *Faserland.* Taschenbuch-Ausgabe, München: dtv 2011 (11. Auflage der Ausgabe von 2002)

Sekundärliteratur

ARNOLD, HEINZ LUDWIG (Hrsg.): *Pop-Literatur.* München: Verlag Text+Kritik 2003.
Der Band fasst eine Reihe von Einzelaufsätzen zusammen, die verschiedenen Autoren der Popliteratur gewidmet sind.

BAẞLER, MORITZ: *Der deutsche Pop-Roman – Die neuen Archivisten.* München: Beck-Verlag 2002.
Dieser Band ist der am häufigsten zitierte, wenn es um das Phänomen der Popliteratur geht.

BIRGFELD, JOHANNES / CONTER, CLAUDE D. (Hrsg.): *Christian Kracht – Leben und Werk.* Köln: Kiepenheuer & Witsch, 2009.
Alle Aspekte von Krachts Schaffen werden in verschiedenen Aufsätzen von unterschiedlichen Autoren ausgeleuchtet.

FRANK, DIRK (Hrsg.): *Popliteratur. Texte und Materialien für den Unterricht.* Stuttgart: Reclam-Verlag 2003.
Der Band bietet repräsentative Texte und Textausschnitte. Frank gibt in einem Vorwort eine informative Einführung.

FREUND, WIELAND/ FREUND, WINFRIED (Hrsg.): *Der deutsche Roman der Gegenwart.* München: UTB 2001.
Die Aufsatzsammlung hat einen klaren literaturwissenschaftlichen Anspruch.

ILLIES, FLORIAN: *Generation Golf.* Frankfurt a.M.: Fischer 2001.
Illies beschreibt das Lebensgefühl der Generation der zwischen 1965 und 1978 Geborenen in einem Stil, der sich nicht eindeutig der Kategorie Sachbuch oder Literatur zuordnen lässt.

Anmerkungen

1 Zitiert aus: „Die legendärste Party aller Zeiten". Interview mit Ch. Kracht, geführt von Guido Walter, in: Berliner Zeitung (19. 7. 1995), S. 25.
2 Vgl. HUBER, TILL: *Ästhetizismus in Fin de Siècle und Popliteratur: Hugo von Hofmannsthals lyrische Dramen und Christian Krachts Romane.* Magisterarbeit Universität Hamburg, Hamburg 2007, S. 62 ff.
3 FRANK, DIRK: *Popliteratur.* Texte und Materialien für den Unterricht, Stuttgart 2003, S. 23.
4 Zitiert nach BAßLER, a. a. O., S. 111.
5 Begriff übernommen von PETER KOCH/W. OESTERREICHER: Sprache der Nähe – Sprache der Distanz, in: Romanistisches Jahrbuch 36, 1985, S. 15–34.
6 STEFAN BEUSE: 154 schöne weiße leere Blätter, in: Freund/Freund (Hrsg.): Der deutsche Roman der Gegenwart, München 2001, S. 154.
7 MORITZ BAßLER, a. a. O., S. 118; Baßler zielt bezüglich des zweiten Satzes auf die falsche Pluralbildung bei „Scampi(s)" ab.
8 Vgl. BAßLER, MORITZ: *Der deutsche Pop-Roman.* München 2002, S. 113.
9 Gestützt wird diese These durch eine Äußerung Krachts in einem Interview mit der „Berliner Zeitung" vom 19.7.1995. Dort antwortet er auf die Frage nach der Bedeutung des Titels: „So etwas wie ‚Ausfasern'. Kann auch ‚Faseln' bedeuten. In Deutschland definiert man sich über Telefonfasern, Kleidungsfasern, was weiß ich."
10 Er spricht von „uns Deutschen", wenn er von den Racheakten des ungarischen Lehrers Solimosi an den Schülern im Internat Schloss Salem erzählt (vgl. S. 142).
11 PATRICK BÜHLER und FRANKA MARQUARDT: Das ‚große Nivellier-Land'?, in: Birgfeld/Conter: Christian Kracht – Leben und Werk, Köln 2009, S. 79.
12 a. a. O., S. 81.
13 a. a. O., S. 80.
14 BLOS, PETER: *Adoleszenz – Eine psychoanalytische Interpretation.* Stuttgart 2001, S. 116.
15 FRANK, DIRK: *Die Nachfahren der ‚Gegengegenkultur',* in: ARNOLD, HEINZ LUDWIG (Hrsg.): *Pop-Literatur.* München 2003, S. 219.
16 a. a. O., S. 225.
17 GANSEL, CARSTEN: *Adoleszenz, Ritual und Inszenierung in der Pop-Literatur.* In: ARNOLD, HEINZ LUDWIG (Hrsg.): *Pop-Literatur.* München 2003, S. 237.

18 GANSEL, a. a. O., S. 238.
19 Auf die Frage eines Journalisten, ob seine Anthologie *Mesopotamia* mit Kurzprosatexten der späten 1990er-Jahre zur Popliteratur zu zählen sei, antwortet Kracht in einem ZEIT-Interview: „Ich habe keine Ahnung, was das sein soll: Popliteratur."
20 OSWALD, GEORG M.: *Wann ist Literatur Pop? – Eine empirische Antwort,* in: FREUND/FREUND (Hrsg.): *Der deutsche Roman der Gegenwart.* München 2001, S. 30.
21 a. a. O., S. 29.
22 GLEBA, KERSTIN/SCHUMACHER, ECKARD (Hrsg.): *Pop – seit 1964.* Köln 2007, S. 196 f.
23 BAẞLER, a. a. O., S.18.
24 Vgl. dazu auch: LUTZ HAGESTEDT: Die absolute Freiheit und der Schrecken, in: Birgfeld/Conter (Hrsg.): Christian Kracht – Leben und Werk, Köln 2009, S. 139.
25 ERNST, THOMAS: *Popliteratur.* Europäische Verlagsanstalt, Hamburg 2005, S. 9.
26 Bekannte Vertreter: William S. Burroughs, Allen Ginsberg, Jack Kerouac.
27 Vgl. ULLMAIER, JOHANNES: *Von Acid nach Adlon und zurück.* Mainz 2001, S. 49.
28 Dieser Begriff wurde von Moritz Baßler geprägt.
29 ILLIES, FLORIAN: *Generation Golf.* Frankfurt/Main 2001, S. 154 f.
30 Hier findet sich eine Parallele zum Begriff „Pop", der vor allem eine wichtige Kategorie in der Gegenwartsmusik, aber auch in den bildenden Künsten darstellt.

STARK Interpretationshilfen und Trainingsbände für die Oberstufe

Deutsch Interpretationen

Andersch:
Sansibar oder der letzte Grund .... Best.-Nr. 2400721
Becker: *Bronsteins Kinder* .... Best.-Nr. 2400671
Brecht: *Der aufhaltsame Aufstieg des Arturo Ui* .... Best.-Nr. 2400281
Brecht: *Leben des Galilei* .... Best.-Nr. 2400011
Brecht:
Mutter Courage und ihre Kinder .... Best.-Nr. 2400521
Brecht: *Der gute Mensch von Sezuan* .... Best.-Nr. 2400751
Brussig:
Am kürzeren Ende der Sonnenallee ..... Best.-Nr. 2400201
Büchner: *Dantons Tod* .... Best.-Nr. 2400121
Büchner: *Der Hessische Landbote* .... Best.-Nr. 2400461
Büchner: *Lenz* .... Best.-Nr. 2400431
Büchner: *Leonce und Lena* .... Best.-Nr. 2400261
Büchner: *Woyzeck* .... Best.-Nr. 2400042
Dürrenmatt:
Der Besuch der alten Dame .... Best.-Nr. 2400341
Dürrenmatt: *Der Verdacht* .... Best.-Nr. 2400571
Dürrenmatt: *Die Physiker* .... Best.-Nr. 2400651
Eichendorff:
Aus dem Leben eines Taugenichts .... Best.-Nr. 2400071
Eichendorff: *Das Marmorbild* .... Best.-Nr. 2400081
Fontane: *Effi Briest* .... Best.-Nr. 2400371
Fontane: *Irrungen, Wirrungen* .... Best.-Nr. 2400401
Fontane: *Frau Jenny Treibel* .... Best.-Nr. 2400611
Frisch:
Biedermann und die Brandstifter .... Best.-Nr. 2400531
Frisch: *Homo faber* .... Best.-Nr. 2400031
Frisch: *Andorra* .... Best.-Nr. 2400131
Goethe: *Faust I* .... Best.-Nr. 2400512
Goethe: *Iphigenie auf Tauris* .... Best.-Nr. 2400361
Goethe: *Die Leiden des jungen Werther* Best.-Nr. 2400051
Gross: *Grafeneck* .... Best.-Nr. 2400761
Hauptmann: *Die Ratten* .... Best.-Nr. 2400411
Hein: *Der fremde Freund/Drachenblut* Best.-Nr. 2400061
Hesse: *Siddhartha* .... Best.-Nr. 2400711
Hoffmann, E.T.A.: *Der Sandmann* .... Best.-Nr. 2400351
Horváth:
Geschichten aus dem Wiener Wald .... Best.-Nr. 2400581
Kafka: *Der Proceß* .... Best.-Nr. 2400481
Kafka: *Die Verwandlung/Das Urteil* .... Best.-Nr. 2400141
Kehlmann: *Die Vermessung der Welt* ... Best.-Nr. 2400701
Keller: *Romeo und Julia auf dem Dorfe* Best.-Nr. 2400321
Kerner: *Blueprint. Blaupause* .... Best.-Nr. 2400391
Kleist: *Der zerbrochne Krug* .... Best.-Nr. 2400541
Kleist: *Die Marquise von O.* .... Best.-Nr. 2400471
Kleist: *Michael Kohlhaas* .... Best.-Nr. 2400111
Kleist: *Prinz Friedrich von Homburg* ..... Best.-Nr. 2400631
Koeppen: *Tauben im Gras* .... Best.-Nr. 2400641
Kracht: *Faserland* .... Best.-Nr. 2400771
Lessing: *Emilia Galotti* .... Best.-Nr. 2400191

Lessing: *Nathan der Weise* .... Best.-Nr. 2400501
Mann, Th.: *Der Tod in Venedig* .... Best.-Nr. 2400291
Mann, Th.: *Tonio Kröger/ Mario und der Zauberer* .... Best.-Nr. 2400151
Mann, Th.: *Buddenbrooks* .... Best.-Nr. 2400681
Musil: *Die Verwirrungen der Zöglings Törleß* .... Best.-Nr. 2400561
Schiller: *Don Karlos* .... Best.-Nr. 2400162
Schiller: *Kabale und Liebe* .... Best.-Nr. 2400231
Schiller: *Die Räuber* .... Best.-Nr. 2400421
Schiller: *Maria Stuart* .... Best.-Nr. 2400272
Schlink: *Der Vorleser* .... Best.-Nr. 2400102
Schneider: *Schlafes Bruder* .... Best.-Nr. 2400021
Schnitzler: *Lieutenant Gustl* .... Best.-Nr. 2400661
Schnitzler: *Traumnovelle* .... Best.-Nr. 2400311
Sophokles: *Antigone* .... Best.-Nr. 2400221
Stamm: *Agnes* .... Best.-Nr. 2400691
Storm: *Der Schimmelreiter* .... Best.-Nr. 2400381
Süskind: *Das Parfum* .... Best.-Nr. 2400091
Timm:
Die Entdeckung der Currywurst .... Best.-Nr. 2400301
Vanderbeke: *Das Muschelessen* .... Best.-Nr. 2400331
Wolf: *Kassandra* .... Best.-Nr. 2400601
Wolf: *Medea. Stimmen* .... Best.-Nr. 2400551
Wedekind: *Frühlings Erwachen* .... Best.-Nr. 2400491
Zweig: *Schachnovelle* .... Best.-Nr. 2400441

Deutsch Training

Gedichte analysieren und interpretieren .... Best.-Nr. 944091
Dramen analysieren u. interpretieren .. Best.-Nr. 944092
Epische Texte analysieren und interpretieren .... Best.-Nr. 944093
Erörtern und Sachtexte analysieren ..... Best.-Nr. 944094
Abitur-Wissen Deutsche Literaturgeschichte .... Best.-Nr. 94405
Abitur-Wissen Textinterpretation .... Best.-Nr. 944061
Abitur-Wissen Erörtern und Sachtexte analysieren ..... Best.-Nr. 944064
Abitur-Wissen Prüfungswissen Oberstufe .... Best.-Nr. 94400

(Bitte blättern Sie um)

Deutsch Prüfungstraining Literatur

Prüfungstraining Literatur
Liebeslyrik .... Best.-Nr. 1045401
Prüfungstraining Literatur – Baden-Württemberg
Peter Stamm: *Agnes* .... Best.-Nr. 8454001
Prüfungstraining Literatur – Niedersachsen
Christian Kracht: *Faserland* .... Best.-Nr. 3454001
Prüfungstraining Literatur – NRW
Thomas Mann: *Buddenbrooks* .... Best.-Nr. 5454001
Prüfungstraining Literatur – NRW
J. W. v. Goethe: *Iphigenie auf Tauris* .... Best.-Nr. 5454003

Englisch Interpretationen

Albee:
Who's afraid of Virginia Woolf? .... Best.-Nr. 2500101
Atwood: *The Handmaid's Tale* .... Best.-Nr. 2500181
Auster: *Moon Palace* .... Best.-Nr. 2500031
Boyle: *The Tortilla Curtain* .... Best.-Nr. 2500131
Bradbury: *Fahrenheit 451* .... Best.-Nr. 2500141
20th Century English Short Stories .... Best.-Nr. 2500151
Fitzgerald: *The Great Gatsby* .... Best.-Nr. 2500191
Golding: *Lord of the Flies* .... Best.-Nr. 2500051
Hornby: *About a Boy* .... Best.-Nr. 2500201
Huxley: *Brave New World* .... Best.-Nr. 2500281
Ishiguro: *The Remains of the Day* .... Best.-Nr. 2500171
Lee: *To Kill A Mockingbird* .... Best.-Nr. 2500231
Lessing: *The Fifth Child* .... Best.-Nr. 2500071
MacLaverty: *Cal* .... Best.-Nr. 2500161
Priestley: *An Inspector Calls* .... Best.-Nr. 2500081
Russell: *Educating Rita* .... Best.-Nr. 2500061
Salinger: *The Catcher in the Rye* .... Best.-Nr. 2500111
Shakespeare: *Macbeth* .... Best.-Nr. 2500011
Shakespeare: *Much Ado About Nothing* Best.-Nr. 2500241
Shakespeare: *Romeo and Juliet* .... Best.-Nr. 2500041
Shaw: *Pygmalion* .... Best.-Nr. 2500121
Shepard: *True West* .... Best.-Nr. 2500211
Swarup: *Q & A: Slumdog Millionaire* ..... Best.-Nr. 2500271
Williams: *A Streetcar Named Desire* ..... Best.-Nr. 2500221

Englisch Training

Themenwortschatz .... Best.-Nr. 82451
Grammatikübungen .... Best.-Nr. 82452
Übersetzung .... Best.-Nr. 82454
Grundlagen, Arbeitstechniken und
Methoden mit Audio-CD .... Best.-Nr. 944601
Sprechfertigkeit mit Audio-CD .... Best.-Nr. 94467
Sprachmittlung .... Best.-Nr. 94469
Abitur-Wissen
Landeskunde Großbritannien .... Best.-Nr. 94461
Abitur-Wissen Landeskunde USA .... Best.-Nr. 94463
Abitur-Wissen
Englische Literaturgeschichte .... Best.-Nr. 94465
Klausuren Englisch Oberstufe .... Best.-Nr. 905113

Kompakt-Wissen Abitur
Themenwortschatz .... Best.-Nr. 90462
Kompakt-Wissen Abitur
Landeskunde/Literatur .... Best.-Nr. 90463

Spanisch

Kompakt-Wissen Abitur
Wortschatz Oberstufe .... Best.-Nr. 945401

Französisch Interpretationen

Camus: *L'Etranger/Der Fremde* .... Best.-Nr. 2550041
Sartre: *Huis clos/*
Geschlossene Gesellschaft .... Best.-Nr. 2550051
Schmitt: *Oscar et la dame rose* .... Best.-Nr. 2550071

Französisch Training

Landeskunde Frankreich .... Best.-Nr. 94501
Themenwortschatz .... Best.-Nr. 94503
Textarbeit Oberstufe .... Best.-Nr. 94504
Sprachmittlung · Übersetzung .... Best.-Nr. 94512
Abitur-Wissen
Französische Literaturgeschichte .... Best.-Nr. 94506
Klausuren Französisch Oberstufe .... Best.-Nr. 105011
Kompakt-Wissen Abitur
Themenwortschatz .... Best.-Nr. 945010
Kompakt-Wissen Abitur
Kurzgrammatik .... Best.-Nr. 945011

Latein Training

Abitur-Wissen
Lateinische Literaturgeschichte .... Best.-Nr. 94602
Abitur-Wissen Römische Philosophie .... Best.-Nr. 94604
Abitur-Wissen Prüfungswissen Latinum Best.-Nr. 94608
Klausuren Latein Oberstufe .... Best.-Nr. 106011
Kompakt-Wissen Kurzgrammatik .... Best.-Nr. 906011

Bestellungen bitte direkt an:
STARK Verlagsgesellschaft mbH & Co. KG · Postfach 1852 · 85318 Freising
Tel. 0180 3 179000* · Fax 0180 3 179001* · www.stark-verlag.de · info@stark-verlag.de
*9 Cent pro Min. aus dem deutschen Festnetz, Mobilfunk bis 42 Cent pro Min.
Aus dem Mobilfunknetz wählen Sie die Festnetznummer: 08167 9573-0

Lernen • Wissen • Zukunft
STARK

21-V1P